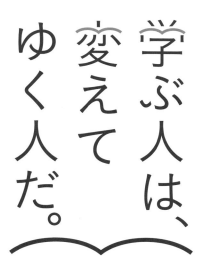

学ぶ人は、
変えて
ゆく人だ。

目の前にある問題はもちろん、

人生の問いや、

社会の課題を自ら見つけ、

挑み続けるために、人は学ぶ。

「学び」で、

少しずつ世界は変えてゆける。

いつでも、どこでも、誰でも、

学ぶことができる世の中へ。

旺文社

JN046948

はじめに

『高校入試合格でる順シリーズ』は，高校入試に向けた学習を効率よくするための問題集です。

このシリーズでは，実際に出題された高校入試問題を分析し，入試に必要なすべての単元を，出題率の高い順に並べています。出題率が高い順に学習することで，入試までの時間を有効に使うことができます。

本書はそれぞれの単元に，くわしいまとめと，入試過去問題を掲載しています。問題を解いていてわからないことがでてきたら，まとめにもどって学習することができます。入試に向けて，わからないところやつまずいたところをなくしていきましょう。また，入試問題は実際に出題されたものを掲載していますので，本番と同じレベルの問題で実力を試すことができます。

本書がみなさんの志望校合格のお役に立てることを願っています。

旺文社

本書の特長と使い方

本書は，高校入試の問題を旺文社独自に分析し，重要な単元を入試に「でる順」に並べた問題集です。入試直前期にも解ききれる分量になっており，必要な知識を短期間で学習できます。この問題集を最後まで解いて，入試を突破する力を身につけましょう。

STEP 1 まとめ

各単元の重要な項目をコンパクトにまとめています。

 入試によくでることがら

 入試で間違いやすいことがら

STEP 2 入試問題で実力チェック！

実際の入試問題で学んだ知識を試してみましょう。

 入試によくでる問題

 知識だけでなく，考える力が試される問題

ハイレベル 発展的な問題

正答率 80.0% 正答率が50％以上の問題

正答率 30.0% 正答率が50％未満の問題

実力完成テスト

オリジナルの実力完成テストを2回分収録しています。
最後の力試しにどのぐらい解けるか，挑戦してみてください。

もくじ

社会情勢の変化により，掲載内容に違いが生じる事柄があります。
弊社ホームページ『知っておきたい時事ニュース』をご確認ください。
https://www.obunsha.co.jp/pdf/support/jiji_news.pdf

編集協力：有限会社マイプラン 青木結衣
装丁・本文デザイン：牧野剛士
組版・図版：株式会社ユニックス
校正：クロフネソーシング合同会社
須藤みどり
株式会社東京出版サービスセンター
写真提供：アフロ

世界の諸地域

1 アジア州

■ 東アジア・東南アジア

・農業…大河の流域で稲作がさかん。

・中国…沿岸部に**経済特区**→「世界の工場」へと発展。沿岸部と内陸部の**経済格差**が進む。

・東南アジア…**東南アジア諸国連合〔ASEAN〕**を結成。**プランテーション**での農業。

■ 南アジア・西アジア

・インド…数学の教育水準が高く，近年，ベンガルールなどで**情報通信技術〔ICT〕**産業が成長。

・西アジア…**ペルシャ湾**沿岸は世界最大の石油の産出地→**石油輸出国機構〔OPEC〕**に加盟。

アジア州の地域区分

2 ヨーロッパ州／アフリカ州

■ ヨーロッパ州

・自然環境…**偏西風**と**北大西洋海流**の影響で，比較的温暖。スカンディナビア半島には**フィヨルド**。

・農業…アルプス山脈北側で**混合農業**，アルプス山脈周辺で**酪農**，地中海沿岸で**地中海式農業**。

・工業…ヨーロッパ各国が航空機部品を製造し，フランス・ドイツで組み立てる**国際分業**。

> **よくでる** **ヨーロッパ連合〔EU〕**
> ・ヨーロッパの政治的・経済的な結びつきを強めるため1993年に発足。2023年現在27か国が加盟。
> ・加盟国間での関税の撤廃，移動の自由化，共通通貨**ユーロ**の導入。加盟国間の経済格差が課題。

■ アフリカ州

・自然環境…北部に**サハラ砂漠**が広がる。鉱産資源が豊富で，**レアメタル**を輸出。

・**モノカルチャー経済**…特定の農産物や鉱産資源の輸出にたよる経済→経済が不安定な国が多い。

3 北アメリカ州／南アメリカ州／オセアニア州

■ 北アメリカ州

・農業…**企業的な農業**，**適地適作**→「世界の食料庫」。

・工業…19世紀以降は五大湖周辺で発展→近年は北緯37度以南の**サンベルト**で先端技術産業。サンフランシスコ近郊に**シリコンバレー**。

■ 南アメリカ州

・自然環境…アマゾン川流域に**熱帯雨林**が広がる。

・**バイオエタノール〔バイオ燃料〕**…さとうきびを原料にした燃料の開発が進む。

■ オセアニア州

・結びつき…かつてはイギリスの植民地→現在はアジアとの結びつきを強める。

・**多文化社会**…アボリジニやマオリなどの先住民と移民が共生。

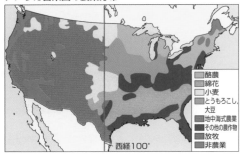

アメリカ合衆国の農業分布

酪農
綿花
小麦
とうもろこし，大豆
地中海式農業
その他の農作物
放牧
非農業

西経100°

入試問題で実力チェック！

解答解説 別冊 P.1

1 次の説明文にあてはまる国を，あとの**ア**～**エ**から１つ選べ。〈山口県〉 ➡P.4●アジア州

> この国では，1970年代末から2015年まで，「一人っ子政策」とよばれる人口の増加を抑(おさ)えるための政策が進められた。また，経済を発展させるために，1979年以降，沿岸部のシェンチェンなどに外国企業を受け入れる経済特区が設けられた。

ア アメリカ合衆国　**イ** 中国　**ウ** タイ　**エ** ガーナ　[　　　　]

よくでる　正答率 54.6%

2 次の文は，右の**地図１**中の**P**で囲んだ国々について述べたものである。文中の［　　］にあてはまる語句を書け。〈栃木県〉 ➡P.4●アジア州

[　　　　]

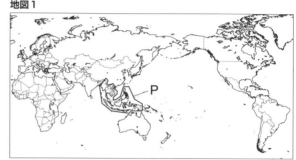

> 地域の安定と発展を求めて，1967年に［　　］が設立され，経済，政治，安全保障などの分野で協力を進めている。

地図１

3 右の**地図２**は，南アジアの降水量や農業について示している。次の文章中の［あ］，［い］にあてはまる語句を，**地図２**から選んで書け。〈富山県〉

あ[　　　　]　**い**[　　　　]

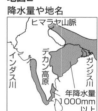

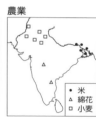

> 年降水量が1000mm以上の［あ］流域では米，年降水量が1000mm未満の地域では小麦の栽培(さいばい)がさかんです。また，デカン高原では［い］が栽培されています。

地図２

降水量や地名　　農業

よくでる

4 右の**地図３**を見て，次の問いに答えなさい。〈和歌山県〉 ➡P.4●ヨーロッパ州

(1) **地図３**中の**X**で示された地域の沿岸部にみられる，氷河によってけずられた谷に海水が深く入りこんだ地形を何というか。

[　　　　]

(2) **地図３**で示されたヨーロッパ連合(EU)加盟国において，EUの成立は人々の生活に大きな変化をもたらした。多くのEU加盟国で起こった変化の１つを，「**パスポート**」という語句を用いて，簡潔に答えよ。

[　　　　]

地図３

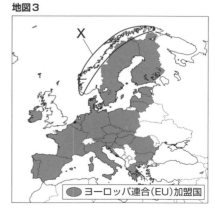

正答率 45.1%

5 ヨーロッパの国または地域における農業の特色を説明した文として，最も適切なものを，次の**ア**～**エ**から1つ選べ。〈鳥取県〉 **➡P.4●ヨーロッパ州** [　　　　]

ア　アルプス山脈より北の地域では，じゃがいもなど食料の栽培に特化した混合農業が行われている。

イ　デンマークやオランダでは，乳牛を飼い，バターやチーズを生産する酪農がさかんである。

ウ　アルプス山脈より南の地域では，一年中湿潤な気候をいかした地中海式農業が行われている。

エ　ドイツは，ヨーロッパ連合(EU)最大の農業国で，世界一の小麦の輸出国となっている。

6 アフリカ州について，右の**地図4**を見て，次の問いに答えなさい。**➡P.4●アフリカ州**

よくでる　正答率 77.1%

(1)　次の**グラフ1**は，**地図4**中のカメルーンの輸出品目の内訳(2017年)について示したものである。**グラフ1**のような輸出品目に依存する経済のことを何というか。〈大分県〉

[　　　　]

地図4

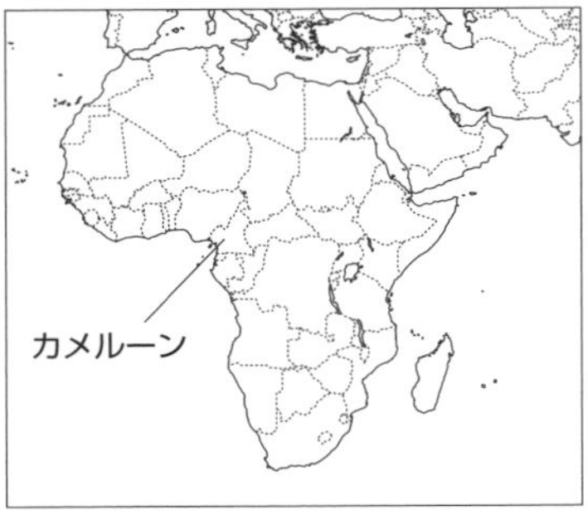
カメルーン

グラフ1

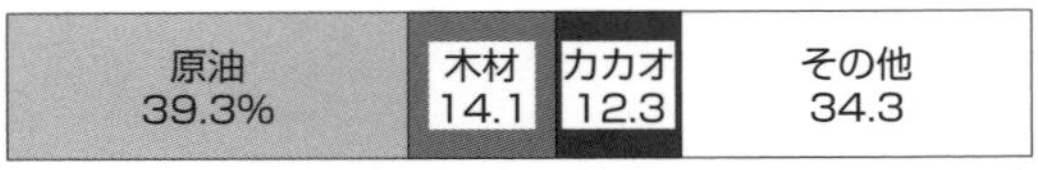
原油
39.3%
木材
14.1
カカオ
12.3
その他
34.3

(「データブック　オブ・ザ・ワールド2021」による)

思考力

(2)　**地図4**中のアフリカ大陸には，直線的な国境線がみられる。その理由を，歴史的背景に着目して，簡潔に答えよ。〈和歌山県〉

[　　　　]

ハイレベル

7 アメリカについて，次の文章を読んで，あとの問いに答えなさい。〈滋賀県〉 **➡P.4●北アメリカ州**

> アメリカでは，小麦やとうもろこしの多くは，次の**地図5**が示すロッキー山脈の東側に広がる内陸部で栽培されています。(　A　)的な農業が多く，センターピボットや大型機械などを使い，少ない人数で効率よく生産が行われています。

正答率 28.7%

(1)　文章中の(　A　)にあてはまる語句を，**漢字2字**で書け。 [　　　　]

正答率 21.6%

(2)　**地図5**中の①～③にあてはまる語句の組み合わせとして正しいものを，次の**ア**～**エ**から1つ選べ。 [　　　　]

地図5

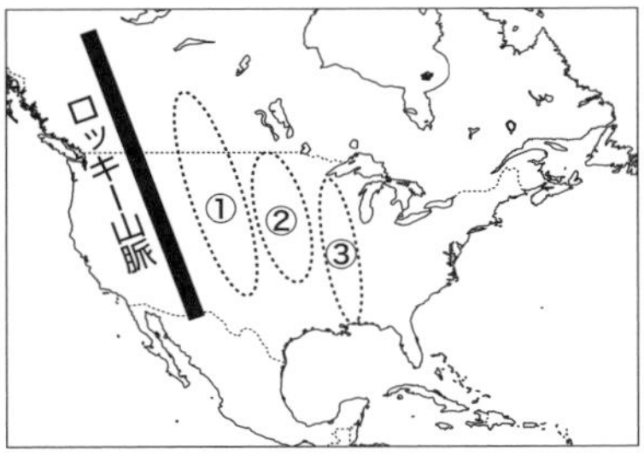
ロッキー山脈
①
②
③

ア　①－グレートプレーンズ　②－プレーリー　③－中央平原

イ　①－プレーリー　②－グレートプレーンズ　③－中央平原

ウ　①－グレートプレーンズ　②－中央平原　③－プレーリー

エ　①－プレーリー　②－中央平原　③－グレートプレーンズ

よくでる

8 アメリカ合衆国の西海岸では，航空機や電子機器を生産する先端技術産業が発達している。サンフランシスコ近郊のサンノゼ付近にあるコンピュータ関係の工場や研究所が集中している地域を何というか。〈兵庫県〉 **➡P.4●北アメリカ州** [　　　　]

よくでる

9 次の文は，右の**地図６**中の**Ｙ**で示した河川の流域について説明したものである。この河川名を書け。〈長崎県〉 ➡**P.4●南アメリカ州**

［　　　　　　　　］

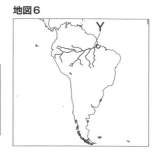

> この河川の流域では，道路の建設や農地，牧場の開発などが進められている一方，これらの開発が，森林伐採（ばっさい）などの環境破壊（かんきょうはかい）を引き起こしている。

地図６

Y

思考力　正答率60.0%

10 オーストラリアについて，次の**グラフ２**中のⅠ，Ⅱ，**グラフ３**中のⅢ，Ⅳは，それぞれ1960年，2016年のいずれかの統計である。2016年の正しい組み合わせを，あとの**ア**～**エ**から１つ選べ。〈岐阜県〉 ➡**P.4●オセアニア州**

［　　　　　　　　］

グラフ２　オーストラリアの貿易相手国の割合

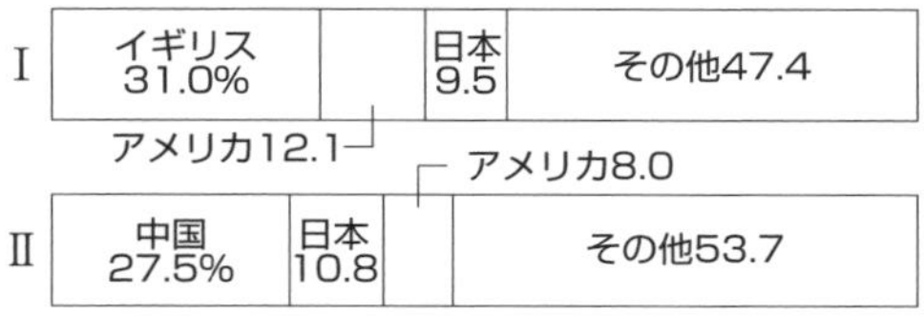

Ⅰ
イギリス 31.0%
アメリカ12.1
日本 9.5
その他47.4
Ⅱ
中国 27.5%
日本 10.8
アメリカ8.0
その他53.7

グラフ３　オーストラリアの輸出品の割合

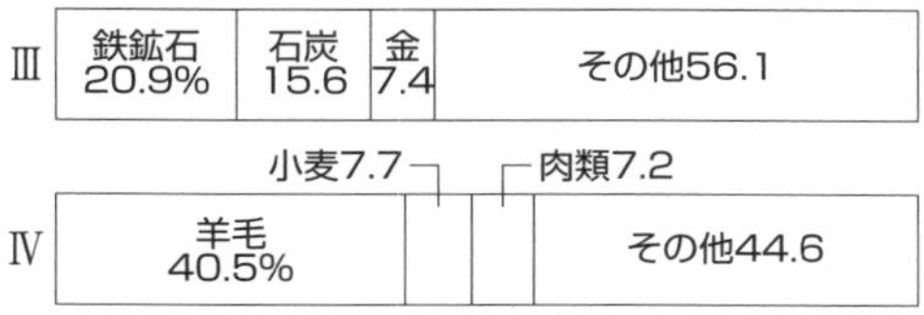

Ⅲ
鉄鉱石 20.9%
石炭 15.6
金 7.4
その他56.1
Ⅳ
羊毛 40.5%
小麦7.7
肉類7.2
その他44.6

（国連資料ほかによる）

ア　**グラフ２**－Ⅰ　**グラフ３**－Ⅲ　　**イ**　**グラフ２**－Ⅰ　**グラフ３**－Ⅳ
ウ　**グラフ２**－Ⅱ　**グラフ３**－Ⅲ　　**エ**　**グラフ２**－Ⅱ　**グラフ３**－Ⅳ

正答率33.3%

11 右の**グラフ４**は，アジア州，アフリカ州，ヨーロッパ州，北アメリカ州の人口が世界の人口に占（し）める割合の推移を示している。アフリカ州とヨーロッパ州にあてはまるものを，**グラフ４**中の**ア**～**エ**から１つずつ選べ。〈栃木県〉

アフリカ州［　　　　　　　　］
ヨーロッパ州［　　　　　　　　］

グラフ４

(%)
60
40
20
0
1960
1980
2000
2020
(年)
ア
イ
ウ
エ

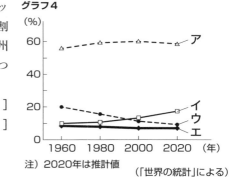

注）2020年は推計値

（「世界の統計」による）

正答率34.3%

12 右の**グラフ５**中の**ア**～**エ**は，アメリカ合衆国，中国，ASEAN（10か国），EU（28か国・2018年当時）のいずれかの国や地域機構の国内総生産（GDP）と輸出額を示したものである。中国のものとして，最も適切なものを，**グラフ５**中の**ア**～**エ**から１つ選べ。〈鳥取県〉

［　　　　　　　　］

グラフ５　国内総生産（GDP）と輸出額（2018年）

（単位：GDPと輸出額ともに百億ドル）

700
600
500
400
300
200
100
0
輸出額
0
500
1,000
1,500
2,000
2,500
国内総生産(GDP)
ア
イ
ウ
エ

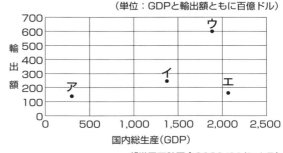

（「世界国勢図会2020/21」による）

日本の自然環境，人口

1 日本の自然環境

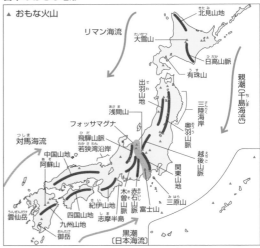
日本のおもな地形
▲ おもな火山

■ 日本の地形

・山地・山脈…中央部には**日本アルプス**が連なり，その東側には**フォッサマグナ**。

・河川…長さが短く，流れが急。**扇状地**や**三角州**を形成。

> **ミス注意** **扇状地**は川が山間部から平地に流れ出たところにできる扇形の地形。**三角州**は河口付近にできる三角形の地形。まちがえないようにしよう。

・海岸地形…湾や岬が連続する海岸線の入り組んだ**リアス海岸**や，海岸線の単調な**砂浜海岸**。

・海流…近海に４つの海流→寒流と暖流がぶつかるところは**潮目**〔潮境〕となり，よい漁場に。

> **よくでる** 地形図の読み取り
> ・縮尺…実際の距離を縮小した割合。実際の距離は，地形図上の長さ×縮尺の分母で求める。
> ・等高線…海面からの高さが等しい地点を結んだ線。等高線の間隔がせまいと傾斜は急，間隔が広いと傾斜はゆるやかになる。

■ 日本の気候

・日本列島の大部分は**温帯**，北海道は冷帯〔亜寒帯〕。

・季節風〔**モンスーン**〕の影響を大きく受ける。

・５〜７月に**梅雨**があり，夏から秋に**台風**が発生。

■ 日本の自然災害

・**環太平洋造山帯**に属し，地震や火山活動などが活発。

・防災・減災への取り組み…災害発生時に予測される被害の大きさやその範囲を示した**ハザードマップ**〔防災マップ，防災地図〕を作成。

日本のおもな気候区分

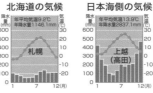
北海道の気候 札幌
日本海側の気候 上越（高田）
太平洋側の気候 銚子

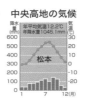
中央高地の気候 松本

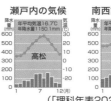
瀬戸内の気候 高松

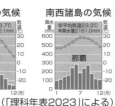
南西諸島の気候 那覇

（「理科年表2023」による）

2 日本の人口の特色

■ 日本の人口構成

・**少子高齢化**が進行→近年，人口が減少。

・**三大都市圏**や**地方中枢都市**に人口が集中。

■ 過疎と過密

・**過疎**…人口の減少で地域社会の維持が困難になる。
　→山間部や離島などで**限界集落**も増加。

・**過密**…都市部に人口が集中。交通渋滞や騒音が発生。

日本の人口ピラミッド

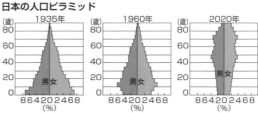
1935年　1960年　2020年

（「日本国勢図会2022/23」ほかによる）

解答解説
別冊
P.2

よくでる **1** 右の**地図1**中に示した糸魚川市と静岡市について，両市を結ぶ線は，地面が大きく落ちこんだみぞ状の地形の，西の縁となっている。このみぞ状の地形を何というか。
〈新潟県〉 ➡P.8●日本の地形

[　　　　　　　]

地図1　　　　　　　　　　地図2

よくでる **2** 右上の**地図2**中の関東地方のあの水系は，日本最大の流域面積を持っている。この川の名称を，次のア～エから1つ選べ。〈静岡県〉 ➡P.8●日本の地形

[　　　　　　　]

ア　石狩川　　イ　淀川　　ウ　利根川　　エ　木曽川

3 あるクラスでは，班ごとに町内の清掃活動をすることになり，2万5千分の1の地形図のきまりに従って描いた右の**図1**を用いて，担当する場所を検討した。次の問いに答えなさい。〈鹿児島県〉 ➡P.8●日本の地形

図1

(1) 1班は，町役場周辺を担当することとなった。中学校（**図1**中の**A**地点）から町役場まで，地図上の最短距離は3cmである。実際の距離は何mか。　　[　　　　　　　]

(2) 2班は，次のようなコースで町内を清掃することになった。2班の通るコースを**図1**中に→で示せ。

> 中学校（**A**地点）から東に向かい，神社のある交差点を北へ行く。最短距離で順に消防署，警察署，郵便局を経由し，工場の南側の道を通って，駅前の派出所まで行く。

よくでる **4** 日本の気候は，北海道などを除き，□□帯に属しているが，複雑な地形や季節風の影響で，日本海側の気候と太平洋側の気候に分かれる。□□にあてはまる語句を書け。
〈山梨県〉 ➡P.8●日本の気候

[　　　　帯]

正答率78.3% **5** 右の**グラフ1**は，札幌市，新潟市，大阪市，鹿児島市のいずれかの雨温図である。大阪市にあてはまるものを，**グラフ1**中のア～エから1つ選べ。〈栃木県〉
➡P.8●日本の気候

[　　　　　　　]

よくでる **6** 自然災害による被害の予測や，災害時の避難場所などを示した地図を何というか。〈佐賀県〉
➡P.8●日本の自然災害 [　　　　　　　]

グラフ1

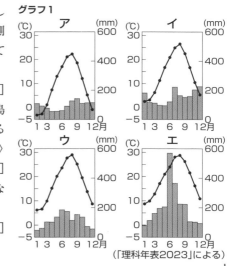

（「理科年表2023」による）

7 右の図2は，静岡県の海岸部に設置されている標識であり，地震が引き起こす□□□から避難するための場所を示したものである。わが国の海に面した地域では，□□□による浸水などの災害を受ける危険性が高いため，さまざまな防災対策がとられている。□□□にあてはまる自然現象を，次の**ア～エ**から１つ選べ。〈愛媛県〉

[　　　　　　　　　]

ア 侵食　　**イ** 津波　　**ウ** 山くずれ　　**エ** 地割れ

図2

8 右の**グラフ2**は，1935年，1960年，2020年の日本の人口ピラミッドを表したものである。**ア～ウ**を，年代の古いものから順に記号で書け。〈福井県〉 **➡P.8●日本の人口構成**

[　　　　→　　　　→　　　　]

グラフ2

（「日本国勢図会2022/23」ほかによる）

9 右の**表**は，三重県，京都府，大阪府，和歌山県のいずれかの人口に関する統計をまとめたものである。**表**中の**A**にあてはまる府県名を書け。〈鳥取県〉

[　　　　　　　　　]

正答率 46.2%

表

府県名	人口（万人）	人口密度（人/㎢）	老年人口の割合（％）	産業別人口に占める第2次産業人口の割合（％）
A	180	312	29.0	32.3
B	882	4631	27.2	23.8
C	260	564	28.6	23.6
D	94	200	32.2	21.0

（「データでみる県勢2019」による）

10 右の**地形図**と**写真**を見て，次の問いに答えなさい。〈岐阜県〉 **➡P.8●日本の地形**

正答率 65.0%

（1）地形図内にみられる，ゆるやかな傾斜を持つ地形を何というか。

[　　　　　　　　　]

正答率 87.0%

（2）**写真**を撮影した方向を示す矢印として，最も適切なものを，**地形図**中の**ア～エ**から１つ選べ。

[　　　　　　　　　]

地形図　山梨県甲州市・笛吹市　　　　　**写真　地形図の一部を撮影した写真**
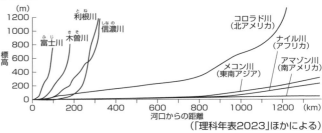

11 右の**グラフ3**は，日本と世界のおもな川の，河口からの距離と標高を示した模式図である。日本の川には，世界のおもな川と比べて，どのような特徴があるか，**グラフ3**から読み取り，簡潔に答えよ。

〈三重県〉 **➡P.8●日本の地形**

[　　　　　　　　　　　　　　　　　　　　　　　　　　　　]

グラフ3

（「理科年表2023」ほかによる）

12 次の説明文は，宮城県の漁業について述べたものである。説明文中の下線の海域が好漁場となっている理由を，簡潔に答えよ。〈和歌山県〉 →P.8●日本の地形

> 気仙沼や石巻など，全国的にみても水あげ量の多い漁港がある。三陸海岸の沖合は世界有数の漁場となっており，さんまやかつお類は全国第2位の水あげ量をほこっている。東日本大震災により，漁港や水産加工場は大きな被害を受けたが，国内外の支援を受けて少しずつ復興をとげてきている。

[   ]

ハイレベル
13 右の**地図3**を見て，次の問いに答えなさい。

正答率 73.6%

(1) **地図3**中の**A**県，**C**県，**F**県の3つの県における県庁所在地の12月・1月・2月と7月・8月・9月のそれぞれ3か月間の降水量と年降水量を調べ，右下の**資料1**をつくった。**資料1**中の**Ⅰ～Ⅲ**にあてはまる県庁所在地の組み合わせとして正しいものを，次の**ア～カ**から1つ選べ。〈埼玉県〉 →P.8●日本の気候

[   ]

> **ア** Ⅰ－松江市　Ⅱ－広島市　Ⅲ－高知市
> **イ** Ⅰ－松江市　Ⅱ－高知市　Ⅲ－広島市
> **ウ** Ⅰ－広島市　Ⅱ－松江市　Ⅲ－高知市
> **エ** Ⅰ－広島市　Ⅱ－高知市　Ⅲ－松江市
> **オ** Ⅰ－高知市　Ⅱ－松江市　Ⅲ－広島市
> **カ** Ⅰ－高知市　Ⅱ－広島市　Ⅲ－松江市

地図3

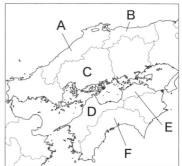

資料1

	Ⅰ	Ⅱ	Ⅲ
12月・1月・2月の3か月間の降水量	150.8mm	404.8mm	218.6mm
7月・8月・9月の3か月間の降水量	538.9mm	564.0mm	960.7mm
年降水量	1537.6mm	1787.2mm	2547.5mm

(注) 降水量は1981年～2010年の平均値である。
（気象庁ホームページによる）

正答率 56.8%

(2) **C**県の県庁所在地の中心部は，河口付近に広がった平地に位置している。一般に，河口付近には，川が運んできた細かい土砂が堆積して平地ができやすい。河口付近に川が運んできた細かい土砂が堆積してできた平地は何とよばれるか。

〈静岡県〉 →P.8●日本の地形

[   ]

正答率 66.3%

(3) 右の**資料2**は，2015年における，**A～E**県の，総人口，65歳以上の人口，総面積，総面積に占める過疎地域の面積の割合を示している。**資料2**から読み取れることとして正しいものを，次の**ア～エ**から1つ選べ。

〈静岡県〉 →P.8●日本の人口構成 [   ]

資料2

	総人口（千人）	65歳以上の人口（千人）	総面積（km²）	過疎地域の面積の割合（％）
A	694	223	6,708	85.4
B	573	169	3,507	56.5
C	2,844	774	8,479	63.3
D	1,385	417	5,676	65.2
E	976	286	1,877	36.8

（総務省資料ほかによる）

> **ア** 総面積が小さい県ほど，過疎地域の面積の割合が低い。
> **イ** 総人口が少ない県ほど，過疎地域の面積の割合が低い。
> **ウ** 総面積が大きい県ほど，65歳未満の人口が多い。
> **エ** 総人口が多い県ほど，65歳未満の人口が多い。

日本の資源，産業

1 日本の資源・エネルギー

■ 世界と日本の資源

- ・石油は**ペルシャ**湾沿岸の西アジア，石炭は中国，鉄鉱石はオーストラリア，ブラジルなどで多く産出。
- ・日本は資源にとぼしく，外国からの輸入にたよる。

■ 日本の発電

- ・**火力発電**中心→2011年の福島県の原子力発電所の事故の影響で，**原子力発電**の割合が低下。
- ・**再生可能エネルギー**…風力，地熱，太陽光など。

日本のおもな資源の輸入先

石油	サウジアラビア 40.0%	アラブ首長国連邦 34.8	クウェート 8.5	カタール 7.4	その他 5.6

ロシア3.7

石炭	オーストラリア 67.2%		インドネシア 11.3	ロシア 10.2	その他 11.3

カナダ

鉄鉱石	オーストラリア 55.3%	ブラジル 28.3		7.0	その他 9.4

(2021年)　　　（「日本国勢図会2023/24」による）

産業の分類

第1次産業	農業，林業，水産業
第2次産業	鉱工業，建設業など
第3次産業	商業，金融業，観光業，サービス業など

2 日本の産業

■ 日本の農業

- ・**稲作**…新潟県，北海道，東北地方を中心に全国的にさかん。

よくでる

> **野菜の栽培**…その土地の特色をいかしている。
> - ・**近郊農業**…大都市に向けた野菜などを栽培。千葉県や茨城県など大都市周辺。
> - ・**促成栽培**…暖かい気候をいかして，出荷時期を早める。宮崎平野，高知平野など。
> - ・**抑制栽培**…涼しい気候をいかして，出荷時期を遅らせる。長野県や群馬県など。

- ・果樹の栽培…扇状地など，水はけのよい土地でさかん。
- ・**畜産業**…北海道で乳用牛・肉用牛，鹿児島県，宮崎県で豚・鶏。

■ 日本の林業・水産業

- ・林業…従事者の高齢化や後継者不足が課題。
- ・水産業…養殖業・栽培漁業などの**育てる漁業**の増加。

ミス注意 魚が大きくなるまで人工的に育てる養殖業と，卵をふ化させたあと，一度海や川に放流してからとる栽培漁業のちがいに注意しよう。

3 日本の工業・商業

■ 日本の工業

- ・**太平洋ベルト**…輸送に便利な臨海部に形成。→高速道路の発達により，内陸部でも工業地域を形成。
- ・**産業の空洞化**…外国へ工場を移転する動きが増え，国内の産業が衰退。

■ 日本の第3次産業

- ・**第3次産業**…都市部や観光客が多い地域で就業人口が多い。
- ・近年は，**情報通信技術〔ICT〕**の発達により，関連業種が成長。

日本のおもな工業地帯・工業地域

- 工業地帯
- 工業地域
- 北九州工業地域
- 瀬戸内工業地域
- 阪神工業地帯
- 北陸工業地域
- 北関東工業地域
- 京葉工業地域
- 京浜工業地帯
- 中京工業地帯
- 東海工業地域
- 太平洋ベルト

1 右の**地図1**中の■は，あるエネルギーを利用した発電が行われている場所を示したものである。次の文を参考に，このエネルギーの名称を書け。〈佐賀県〉

[　　　　　　　　]

> 火山が多い日本にとって，この自然エネルギーは重要な資源の一つである。発電には高温の水や蒸気が利用されている。

地図1

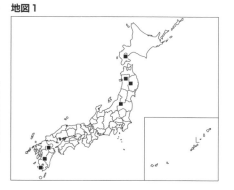

2 次の**ア～エ**は，アメリカ，日本，カナダ，フランスのいずれかの国における発電量の内訳を示したものである。アメリカにあてはまるものを，次の**ア～エ**から1つ選べ。〈三重県〉

[　　　　　　　　]

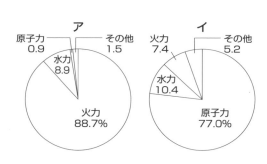
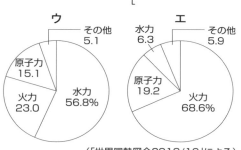

（「世界国勢図会2018/19」による）

3 右の**地図2**を見て，次の問いに答えなさい。

→P.12●日本の農業

(1) **地図2**中のA県では，温暖な気候を利用して，ビニールハウスを使ったハウス栽培や温室栽培などにより，野菜の出荷の時期を早める工夫が行われている。このような，出荷時期を早める工夫をした栽培方法は[　　　]栽培とよばれている。[　　　]にあてはまる語句を書け。〈愛媛県〉　　　[　　　　　　　　]

(2) 右の**表1**は，りんご，なし，ぶどう，もも，洋なしの収穫量上位3県を表しており，**表1**中のB～Fは**地図2**中のB～F県を示している。なしにあてはまるものを，**表1**中の**ア～オ**から1つ選べ。〈福島県〉

[　　　　　　　　]

地図2

表1

	ア	イ	ウ	エ	オ
1位	C県	E県	F県	E県	B県
2位	新潟県	長野県	茨城県	福島県	長野県
3位	B県	岡山県	D県	長野県	岩手県

（「データでみる県勢2023」による）

4 瀬戸内地域では，育てる漁業がさかんである。このうち，魚，貝，海藻などを，網で区切った海などで，出荷するまで人工的に育てる漁業を何というか。〈福島県〉

正答率 62.2%

→P.12●日本の林業・水産業

[　　　　　　　　]

5 日本の工業について，次の問いに答えなさい。→P.12●日本の工業

(1) 関東地方から九州地方北部にかけて連なっている，帯状の工業地域は何とよばれるか。
〈静岡県〉　　　　　　　　　　　　　　　　　　　　　[　　　　　　　　　　　]

(2) 現在，日本の工業出荷額のおよそ半分は□□□工業が占めていて，その製品は日本の主要な輸出品となっている。□□□にあてはまる語句を，次のア〜エから1つ選べ。
〈栃木県〉

　ア　機械　　イ　金属　　ウ　化学　　エ　繊維　　　　[　　　　　　　]

(3) 次のア〜ウは，日本の工業の様子について述べたものである。これらを年代の古い順に並べかえ，その記号を順に答えよ。〈和歌山県〉

[　　　　→　　　　→　　　　]

　ア　内陸部の交通網が整備されて，高速道路のインターチェンジ付近に工業団地の開発が行われ，北関東に工業地域が形成されはじめた。
　イ　外国製品との競争や，貿易上の問題により，工業製品の輸出先であるアメリカやヨーロッパで現地生産をはじめた。
　ウ　京浜，中京，阪神，北九州の4つの地域を中心に，臨海部で工業が発達しはじめた。

(4) 産業の空洞化とはどのようなことか。「**企業が**」という書き出しに続けて，「**生産拠点**」，「**衰退**」の2つの語句を用いて，簡潔に答えよ。〈福島県〉

[企業が　　　　　　　　　　　　　　　　　　　　　　　　　　　　　　]

6 愛知県豊田市を含む工業地帯の名称を書け。また，この工業地帯の製造品出荷額の内訳を示したグラフとして最も適切なものを，右のア〜エから1つ選べ。〈茨城県〉

名称[　　　　　　　　　　]
グラフ[　　　　　　　　　]

ア	金属 18.7%	機械36.5	化学 20.7	食料品 8.0	その他 13.9

繊維2.2

| **イ** | 8.2% | 48.7 | 18.2 | 10.8 | 13.6 |

0.5

| **ウ** | 9.4% | 68.1 | | 7.4 4.9 | 9.3 |

0.9

| **エ** | 20.4% | 37.0 | 17.1 | 11.0 | 13.2 |

1.3

（「日本国勢図会2018/19」による）

7 右の**表2**中のア〜エは，東京都，愛知県，大阪府，福岡県のいずれかの産業別人口割合を，下の**グラフ**のア〜エは，東京都，愛知県，大阪府，福岡県のいずれかの製造品出荷額等割合を示したものである。福岡県にあてはまるものとして，最も適切なものを，ア〜エから1つ選べ。同じ記号には同じ都府県が入る。〈鳥取県〉

[　　　　　　　　　　]

表2　東京都，愛知県，大阪府，福岡県の産業別人口割合

	第1次産業	第2次産業	第3次産業
ア	0.4%	23.8%	75.7%
イ	2.1%	32.7%	65.3%
ウ	2.8%	21.4%	75.8%
エ	0.5%	15.8%	83.7%

＊内訳の合計が100%にならないところがある。
（「データでみる県勢2020」による）

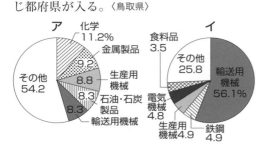

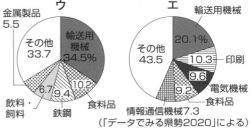

（「データでみる県勢2020」による）

14 | 地理編

8 右の**グラフ1**は，1950年から2010年における，日本の産業別就業者数の推移を表したもので，**グラフ1**中の**X**，**Y**は，それぞれ第2次産業，第3次産業のいずれかにあたる。**グラフ1**について述べた次の文中の①，②の｜｜の中から適当なものを，それぞれ1つずつ選べ。〈愛媛県〉

①[　　　　　] ②[　　　　　]

> 　**グラフ1**中の**Y**は，①｜**ア**　第2次産業　　**イ**　第3次産業｜にあたり，**Y**に含まれる産業には，②｜**ウ**　建設業　　**エ**　運輸業｜がある。

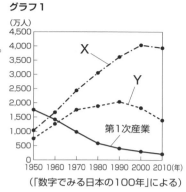

グラフ1

（「数字でみる日本の100年」による）

9 日本のエネルギー事情における課題を，右の**表3**をふまえて，簡潔に答えよ。〈富山県〉

→P.12●世界と日本の資源

[　　　　　　　　　　　　　　　　　　]

表3　主要国のエネルギー自給率（%）

	アメリカ	中国	日本
石炭	102.0	89.7	0.6
原油	59.5	35.7	0.3
天然ガス	96.1	67.1	2.4

（2016年）　（「日本国勢図会2019/20」による）

10 右の**グラフ2**は，1960年度から2010年度における，野菜と果実の国内自給率の推移を，**グラフ3**は，1960年度から2010年度における，野菜と果実の国内生産量と輸入量の推移を示しており，**ア～エ**は，野菜の国内生産量，野菜の輸入量，果実の国内生産量，果実の輸入量のいずれかを表している。**グラフ2**を参考にして，果実の国内生産量と，果実の輸入量にあたるものを，**グラフ3**中の**ア～エ**から1つずつ選べ。〈静岡県〉

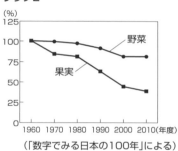

グラフ2

（「数字でみる日本の100年」による）

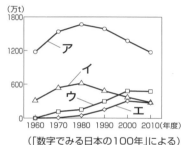

グラフ3

（「数字でみる日本の100年」による）

果実の国内生産量[　　　　　] 果実の輸入量[　　　　　]

11 右の**P～R**は，近畿地方の各府県における農業産出額，工業生産額，商品販売額のいずれかを表している。**P～R**の組み合わせとして最も適当なものを，次の**ア～カ**から1つ選べ。〈福島県〉

[　　　　　]

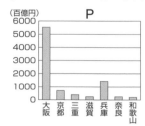

P

Q

ア　P－農業産出額　Q－工業生産額　R－商品販売額
イ　P－農業産出額　Q－商品販売額　R－工業生産額
ウ　P－工業生産額　Q－農業産出額　R－商品販売額
エ　P－工業生産額　Q－商品販売額　R－農業産出額
オ　P－商品販売額　Q－農業産出額　R－工業生産額
カ　P－商品販売額　Q－工業生産額　R－農業産出額

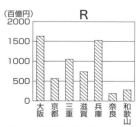

R

（2016年，工業生産額は2015年）
（「日本国勢図会」による）

世界と日本の姿

1 世界の姿

六大陸・三大洋と地域区分

■ 地球の姿

・「水の惑星」…地球表面の7割が海洋。

・六大陸と三大洋で構成。

■ 世界の国々

・約190の独立国が6つの州に分かれる。

・国境…山や川などを利用した国境線や，緯線や経線を利用した人工的に引かれた国境線がある。

■ 緯度と経度

・緯線…赤道を基準に南北に90度ずつ引かれている。

・経線…本初子午線を基準に東西に180度ずつ引かれている。

地球儀と緯線・経線

> **よくでる** 標準時と時差
>
> ・標準時…国ごとに，基準となる経線をもとに決めた時刻。日本は兵庫県明石市を通る**東経135度**の経線をもとに決めている。
>
> ・時差…経度15度につき，1時間の時差が生じる。
>
> ・日付変更線…ほぼ180度の経線に沿って引かれている。

> **ミス注意** 2地点間の時差は，2地点の経度差÷15で求めることができる。
> 日付変更線を東から西に越えるときは，日付を1日進め，西から東に越えるときは日付を1日遅らせる。

2 日本の姿

日本の範囲

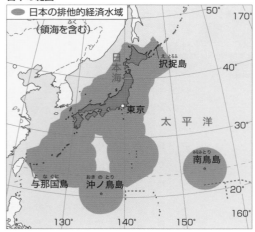

■ 日本の範囲

・位置…ユーラシア大陸の東にある**島国〔海洋国〕**。

・領域…**領土，領海，領空**。領海を除く海岸線から200海里以内の範囲は**排他的経済水域**。

・国土面積…約38万km²。排他的経済水域は国土面積の10倍以上。

・領土問題…ロシアと**北方領土**，韓国と**竹島**，中国と**尖閣諸島**をめぐり交渉が続いている。

■ 日本の地域区分

・地方区分…北海道，東北，関東，中部，近畿，中国・四国，九州の**7地方区分**。

・中部地方は**北陸，中央高地，東海**，中国・四国地方は**山陰，瀬戸内，南四国**に分けることができる。

入試問題で実力チェック！

解答解説 別冊 P.6

1 地球は水の惑星といわれ，海と陸地の面積の比は約□□□である。□□□にあてはまる比として最も適切なものを，次の**ア〜エ**から1つ選べ。〈和歌山県〉 ➡P.16●地球の姿

ア 6：4　　**イ** 7：3　　**ウ** 8：2　　**エ** 9：1　　[　　　　　　　]

2 南極大陸を除く5つの大陸のうち，1つの大陸だけが三大洋すべてに面していることがわかった。この大陸はどれか，次の**ア〜オ**から1つ選べ。〈京都府〉 ➡P.16●地球の姿

[　　　　　　　]

ア アフリカ大陸　　**イ** 北アメリカ大陸　　**ウ** 南アメリカ大陸
エ ユーラシア大陸　　**オ** オーストラリア大陸

地図1

 3 右の**地図1**を見て，次の問いに答えなさい。〈北海道〉
➡P.16●地球の姿

正答率 87.1%
(1) 地図1中のAはハワイ島を示している。世界の3つの海洋（三大洋）のうち，ハワイ島が囲まれている海洋の名を書け。　　　　　[　　　　　　　]

正答率 81.6%
(2) 地図1中のBの大陸の名を書け。

[　　　　　大陸]

地図2

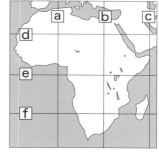

 4 右の**地図2**は，世界地図の一部を示したものである。本初子午線と赤道の位置は，ⓐ〜ⓕのいずれになるか，正しい組み合わせを，次の**ア〜カ**から1つ選べ。〈京都府〉 ➡P.16●緯度と経度

[　　　　　　　]

ア 本初子午線−ⓐ 赤道−ⓓ　　**イ** 本初子午線−ⓑ 赤道−ⓓ
ウ 本初子午線−ⓒ 赤道−ⓔ　　**エ** 本初子午線−ⓐ 赤道−ⓔ
オ 本初子午線−ⓑ 赤道−ⓕ　　**カ** 本初子午線−ⓒ 赤道−ⓕ

5 日本の標準時が午後5時のとき，パリはフランスの標準時で午前9時だった。このことから，フランスの標準時の基準は東経何度か。ただし，日本の標準時は東経135度を基準とする。
〈和歌山県〉 ➡P.16●緯度と経度　　　　[　　　　　　　]

地図3

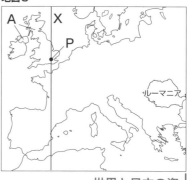

 6 右の**地図3**を見て，次の問いに答えなさい。〈福島県〉
(1) 地図3中のPの都市はA国の首都である。Pの都市を通り，経度の基準となっているXの経線を何というか。 ➡P.16●緯度と経度　 [　　　　　　　]
(2) 地図3中のA国が1月1日午後11時のとき，**地図3**中のルーマニアは何月何日の何時か。午前，午後を明らかにして書け。ただし，ルーマニアの標準時は東経30度の経線を基準として決められている。
➡P.16●緯度と経度　 [　　月　　日　　時]

ルーマニア

世界と日本の姿 **17**

7 右の図は，国家の領域に関して表した模式図であり，次の文は，洋子さんが**図**をみてまとめたものの一部である。 □ にあてはまる語句を書け。〈京都府〉 ➡P.16●日本の範囲

[　　　　　　　　　　　　　]

図

> 海岸線から200海里の範囲のうち，領海を除く範囲を □ といい，そこで得られる資源は沿岸国のものとなる。

正答率 70.6%

8 次の文中の □ にあてはまるものを，あとの**ア～エ**から１つ選べ。〈栃木県〉
➡P.16●日本の範囲

[　　　　　　　　　　　　　]

> 日本の領土の東端（とうたん）に位置する島は □ である。

ア 択捉島（えとろふ）　**イ** 沖ノ鳥島（おきのとり）　**ウ** 南鳥島（みなみとり）　**エ** 与那国島（よなぐに）

9 日ソ共同宣言調印後も，両国間には未解決の領土問題が残り，ソ連（れんぽう）の解体後もロシア連邦と交渉（こうしょう）を続けている。この問題となっている日本固有（ふ）の領土を何というか。「**領土**」という語句を含めて，**漢字４字**で書け。また，その位置を，右の**地図4**中のＡ～Ｃから１つ選べ。〈山梨県〉 ➡P.16●日本の範囲

語句[　　　　　　　　　]　位置[　　　　]

地図4

正答率 64.7%

10 次の**ア～エ**は，インドネシア，アメリカ合衆国，ブラジル，オーストラリアのいずれかの国の国土面積と，領海および排他的（はいた）経済水域の面積の関係を示したものである。このうち，ブラジルにあてはまるものを，次の**ア～エ**から１つ選べ。なお， :::: は国土面積， ▨ は領海および排他的経済水域の面積を示している。〈鳥取県〉 ➡P.16●日本の範囲 [　　　　　]

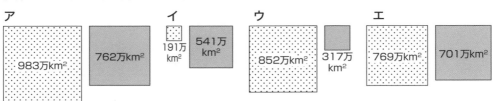

ア　983万km²　762万km²　　**イ**　191万km²　541万km²　　**ウ**　852万km²　317万km²　　**エ**　769万km²　701万km²

（「海洋白書2009」ほかによる）

正答率 81.3%

11 右の**地図5**中のＡ，Ｂの県庁所在地の組み合わせとして，正しいものを，次の**ア～エ**から１つ選べ。〈鹿児島県〉

[　　　　　　　　　　　　　]

ア Ａ－仙台（せんだい）　Ｂ－金沢（かなざわ）　**イ** Ａ－仙台　Ｂ－神戸（こうべ）
ウ Ａ－前橋（まえばし）　Ｂ－金沢　**エ** Ａ－前橋　Ｂ－神戸

12 日本を７地方に区分したとき，関東地方と接する東北地方の県が１県ある。その県名を書け。〈和歌山県〉

[　　　　　　　　　　　　　]

地図5

13 右の**地図6**は，ロンドンを中心にして，ロンドンから世界各地への距離と方位が正しく描かれたものである。これをみて，次の問いに答えなさい。

〈岩手県〉

地図6

(1) **地図6**中のロンドンからみて東京は，およそどの方位にあるか。次の**ア〜エ**から1つ選べ。

[　　　　　]

ア 南西　**イ** 南東　**ウ** 北西　**エ** 北東

(2) **地図6**中のAとBは，ロンドンと直行便で結ばれている都市である。また，次の文は，**地図6**から読み取れることについて述べたものである。文中の　X　，　Y　にあてはまることばの組み合わせとして正しいものを，あとの**ア〜エ**から1つ選べ。　[　　　　　]

　AとBのうち，ロンドンからの距離が遠いのは　X　で，この都市は　Y　に位置しています。

ア X－A　Y－北半球　　**イ** X－B　Y－北半球
ウ X－A　Y－南半球　　**エ** X－B　Y－南半球

14 右の**地図7**は，長崎市を中心とした地図で，中心からの方位と距離が正しく表されている。**地図7**から読み取れることに関する次の**a**，**b**の文の正誤の組み合わせとして正しいものを，あとの**ア〜エ**から1つ選べ。〈長崎県〉

[　　　　　]

a リマは，長崎からほぼ北西の方位に位置する。
b 長崎からリマまでの距離は，長崎からナイロビまでの距離より長い。

ア a－正 b－正　**イ** a－正 b－誤　**ウ** a－誤 b－正　**エ** a－誤 b－誤

地図7

(注)長崎市を中心として，半径5000kmごとに円を記している。

15 日本の排他的経済水域を表したものを，次の**ア〜エ**から1つ選べ。ただし，北海道，本州，四国，九州以外の島は描かれていない。〈茨城県〉　➡P.16●日本の範囲　[　　　　　]

ア 　イ 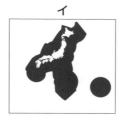　ウ 　エ

注)排他的経済水域の境界は日本の法令にもとづき，着色部分には領海も含む。境界線の一部は関係国と協議中。

16 右の**資料**中の領海について，領海の範囲を「**海里**」，「**海岸線**」の2つの語句を使って，簡潔に答えよ。〈高知県〉

➡P.16●日本の範囲

[

資料

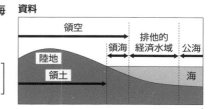

世界各地の生活と文化

出題率 **77.8%**

1 世界各地の気候

■ **熱帯**…一年中暑く，年降水量が多い。

　・**熱帯雨林気候**…一年中雨が多い。

　・**サバナ気候**…雨季と乾季がある。

■ **乾燥帯**…一年中雨が少ない。

　・**砂漠気候**…砂漠が広がる。

　・**ステップ気候**…少しだけ雨が降る。

■ **温帯**…四季の変化がある。

　・**温暖湿潤気候**…雨が多く，冬と夏の気温差が大きい。

　・**西岸海洋性気候**…偏西風と暖流の影響で，気温と降水量は一年を通して差が小さい。

　・**地中海性気候**…冬は雨が多く，夏は乾燥する。

■ **冷帯〔亜寒帯〕**…短い夏と寒さの厳しい冬があり，夏と冬の気温差が大きい。**針葉樹林**が広がる。

■ **寒帯**…一年中寒さが厳しい。

　・**ツンドラ気候**…短い夏の間に地表の氷がとけ，こけ類がわずかに生える。

　・**氷雪気候**…一年中氷と雪に覆われている。

> **よくでる** ・**高山気候**…標高が高いため，気温が低くなる。アンデス山脈の標高4000mを超える地域では，植物が育たないため，**リャマやアルパカの放牧**を行っている。

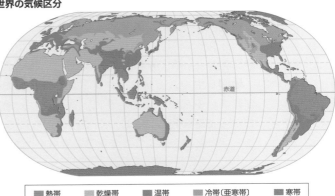
世界の気候区分

■ 熱帯　■ 乾燥帯　■ 温帯　■ 冷帯〔亜寒帯〕　■ 寒帯

赤道

2 世界各地の生活と宗教

■ 世界各地の伝統的な生活

　・寒い地域…カナダ北部の**イヌイット**が狩りの生活。

　・暑い地域…風通しをよくした**高床式の住居**がみられる。

　・乾燥した地域…砂漠では**オアシス**を中心に農業を行う。水や草を求めて**遊牧**が行われる。日干しれんがの住居や移動式の住居がみられる。

　・地中海周辺…日差しを遮るため，小さな窓がついた**石造りの住居**がみられる。

イヌイットの住居

移動式の住居

■ 世界の宗教

　・**キリスト教**…聖書の教えをもとに，日曜は教会で礼拝。

　・**イスラム教**…メッカに向かって1日5回の礼拝を行う。豚肉を食べない。女性は肌，頭髪を見せない。

　・**仏教**…紀元前6〜5世紀にインドで開かれた。

　・**ヒンドゥー教**…インドの約8割の人が信仰。牛は神の使い。ガンジス川で沐浴を行う。

おもな宗教の分布

キリスト教	ヨーロッパ，南北アメリカ，オーストラリアなど
イスラム教	西アジア，アフリカ北部など
仏教	東南アジアから東アジア
ヒンドゥー教	インドなど

1 よくでる

正答率 65.3%

右の**地図1**中の ▨ の部分は，5つの気候帯の1つを示している。この気候帯を何というか。〈滋賀県〉 →P.20●世界各地の気候

[   ]

地図1

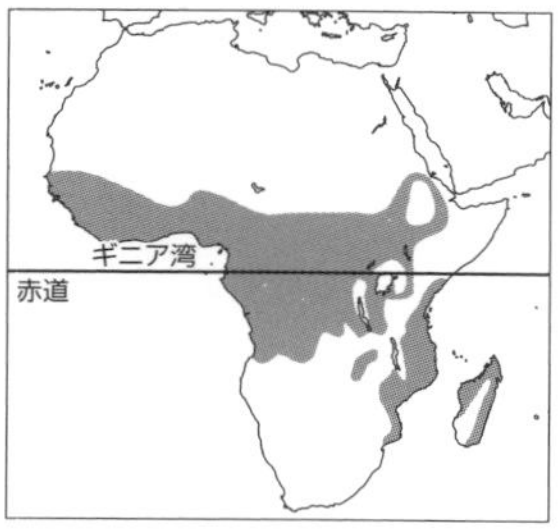

2 よくでる

右下の**地図2**を見て，次の問いに答えなさい。

(1) **地図2**中の**X**の地域でみられる景観と気候について，最も適切なものを，次の**ア〜エ**から1つ選べ。〈福井県〉

→P.20●世界各地の気候 [   ]

ア 岩石砂漠が広がる乾燥帯である。

イ マングローブ林が広がる熱帯である。

ウ タイガという森林が広がる冷帯である。

エ ツンドラという草原が広がる寒帯である。

地図2

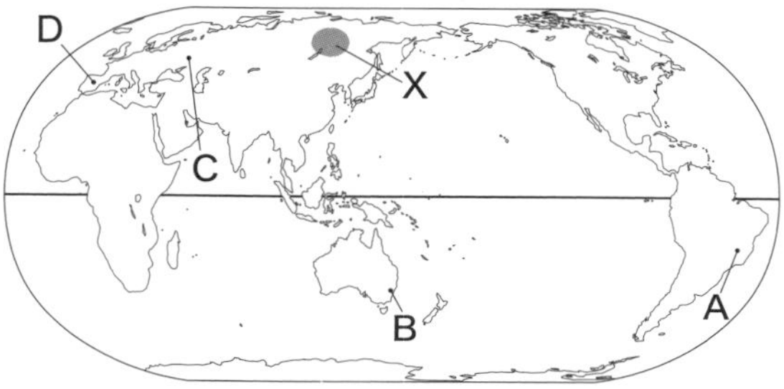

(2) 次の**P〜S**のグラフは，**地図2**中の**A〜D**のいずれかの都市の年平均気温と年降水量および各月の平均気温と降水量を示したものである。**P〜S**のグラフが示す都市を，**地図2**中の**A〜D**から1つずつ選べ。〈東京都〉 →P.20●世界各地の気候

P [   ] Q [   ] R [   ] S [   ]

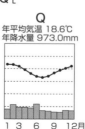
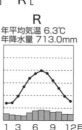
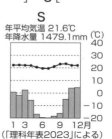

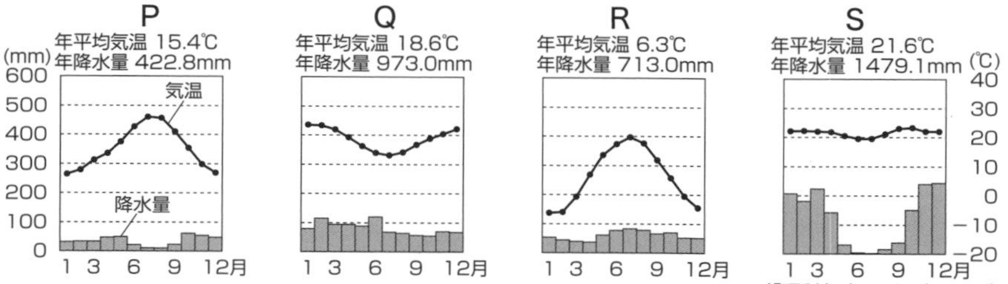

P 年平均気温 15.4℃ 年降水量 422.8mm
Q 年平均気温 18.6℃ 年降水量 973.0mm
R 年平均気温 6.3℃ 年降水量 713.0mm
S 年平均気温 21.6℃ 年降水量 1479.1mm

（「理科年表2023」による）

3 正答率 67.4%

右の**地図3**を見て，次の問いに答えなさい。〈高知県・改〉

(1) **地図3**中の**X**の国の自然や文化と結びついた伝統的な住居を，次の**ア〜エ**から1つ選べ。

→P.20●世界各地の伝統的な生活

[   ]

地図3

ア 日干しレンガでつくられた住居

イ 湖のほとりに生える草でつくられた住居

ウ 羊毛のフェルトでつくられた移動に便利な住居

エ 木材でつくられた風通しがよい高床式の住居

(2) **地図3**中の ▨ で示した大陸で最も多くの人が信仰している宗教を，次の**ア〜エ**から1つ選べ。→P.20●世界の宗教

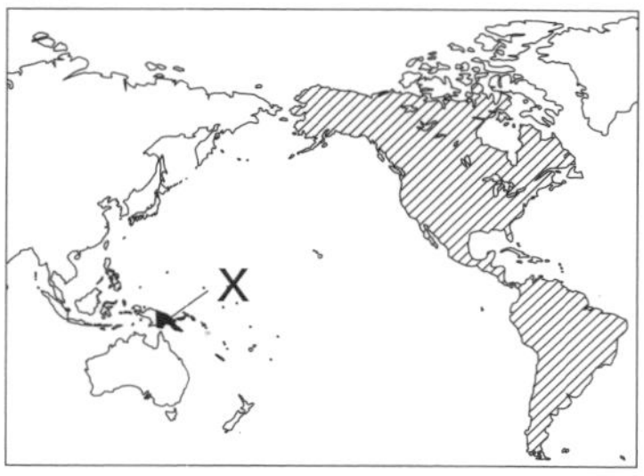

[   ]
よくでる
正答率 75.0%

ア イスラム教　イ キリスト教　ウ ヒンドゥー教　エ 仏教

4 次の**地図4**を見て，あとの問いに答えなさい。➡**P.20**●世界各地の伝統的な生活

地図4

図1

図2
① ② ③

思考力

(1) 右上の**図1**は，**地図4**中のモンゴルの遊牧民の
伝統的住居である。次の文章中の □□□ にあては
まる内容を，簡潔に答えよ。〈大分県〉

　　この地域では，人々は羊，やぎなどを飼い，それらの家畜（かちく）から生活に必要なものを
手に入れ暮らしてきた。**図1**のような組み立て式の住居は，家畜に必要な □□□ する
遊牧民の生活に適している。

[　　　　　　　　　　　　　　　　　　　　　　　　　　　　　　　]

(2) 右上の**図2**中の①〜③は，**地図4**中の**X**〜**Z**のいず
れかの地域にみられる伝統的な衣装である。①〜③と
地域の組み合わせとして正しいものを，右の**ア**〜**カ**か
ら1つ選べ。〈佐賀県〉

	ア	イ	ウ	エ	オ	カ
X	①	②	③	①	②	③
Y	②	③	①	③	①	②
Z	③	①	②	②	③	①

[　　　　　　　　　　]

5 Mさんは，右の**地図5**中に示した，パ
リ，パース，サンフランシスコの3つ
の都市の気温と降水量を調べ，下の**ア**
〜**ウ**のグラフをつくった。このうち，
地中海性気候に属するサンフランシス
コの気温と降水量を示すものを，**ア**〜
ウから1つ選べ。また，そう判断した
理由を，選んだグラフから読み取れる
特色のうち，6月から9月の気温，気
温と降水量の関係の2点に着
目し，簡潔に答えよ。〈埼玉県〉
➡**P.20**●世界各地の気候

記号[　　　　　　　　]

理由[

　　　　　　　　　　　　　]

地図5

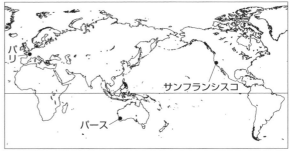

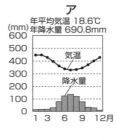
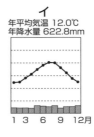
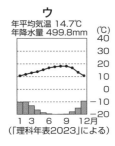

ア
年平均気温 18.6℃
年降水量 690.8mm

イ
年平均気温 12.0℃
年降水量 622.8mm

ウ
年平均気温 14.7℃
年降水量 499.8mm

（「理科年表2023」による）

正答率
67.3%

6 右の**表**中の**ア〜オ**には，5つの気候帯のいずれかがあてはまる。冷帯（亜寒帯）にあてはまるものを，表中のア〜オから1つ選べ。〈滋賀県〉

➡P.20●世界各地の気候

[　　　　　　　]

表　5つの気候帯が占める大陸別の面積の割合(%)

気候帯	陸地全域	ユーラシア	アフリカ	北アメリカ	南アメリカ	オーストラリア	南極
ア	26.3	26.1	46.7	14.4	14.0	57.2	0
イ	21.3	39.2	0	43.4	0	0	0
ウ	19.9	7.4	38.6	5.2	63.4	16.9	0
エ	17.1	9.8	0	23.5	1.6	0	100
オ	15.4	17.5	14.7	13.5	21.0	25.9	0

（「データブック オブ・ザ・ワールド2021」による）

7 イスラム教に関係するものを，次の**ア〜エ**の中から**すべて**選べ。〈和歌山県〉

➡P.20●世界の宗教

[　　　　　　　]

ア　ユダヤ教を発展させたもので，「聖書（新約聖書）」に教えがまとめられている。

イ　西アジアでおこり，北アフリカや中央アジア，東南アジアに広まった。

ウ　インドでおこり，現在，南アジアで最も多くの人々が信仰している。

エ　教典では，女性の肌や髪はかくしておくべきとされている。

8 右の**地図6**を見て，次の問いに答えなさい。

(1)　次の**ア〜エ**のグラフは，**地図6**中のリオデジャネイロ，ロンドン，カイロ，東京のいずれかの都市の雨温図である。このうち，ロンドンの雨温図にあてはまるものを，**ア〜エ**から1つ選べ。

〈山口県〉 ➡P.20●世界各地の気候

[　　　　　　　]

地図6

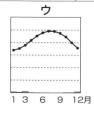

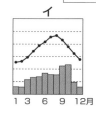

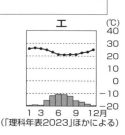

（「理科年表2023」ほかによる）

ハイレベル

(2)　右の**図3**は，**地図6**中の**X**で示した地域の，標高とおもな土地利用を模式的に表したものであり，**図3**中の**P**，**Q**は，それぞれ，リャマやアルパカの放牧，とうもろこしの栽培のいずれかにあたる。また，**図4**は，**図3**中の地点**R**と地点**S**の，月別の平均気温を模式的に表したものであり，**図4**中の**I**，**II**は，それぞれ地点**R**，地点**S**のいずれかの，月別の平均気温にあたる。リャマやアルパカの放牧にあたる記号と，地点**R**の月別の平均気温にあたる記号の組み合わせとして適当なものを，次の**ア〜エ**から1つ選べ。〈愛媛県〉

➡P.20●世界各地の気候

[　　　　　　　]

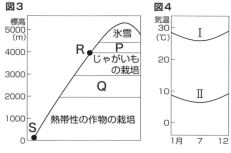

ア　PとI　　イ　PとII　　ウ　QとI　　エ　QとII

1 日本の交通・通信

■ 貨物輸送

- **航空輸送**…**成田国際空港**は，日本最大の貿易港。集積回路〔IC〕など，**軽くて高価な製品**を輸送。
- **海上輸送**…石油や鉄鉱石，自動車など，**重くて体積の大きい製品**の輸送に利用。

> **ミス注意** 航空輸送と海上輸送で運ばれる製品のちがいをおさえておこう。

- **陸上輸送**…高速道路の整備により，国内輸送の中心。

■ 高速交通網

- **新幹線**…**東京，大阪，名古屋**の三大都市圏と，**仙台**，広島，福岡などの地方中枢都市を結ぶ。
- **高速道路**…**インターチェンジ**付近に**工業団地**が建設されたことで，内陸部にも工業地域が形成。

■ 情報通信網

- **インターネットの普及**…オンラインショッピングや遠隔医療など。**情報通信技術〔ICT〕**産業の関連会社も増加。

国内輸送の変化

旅客

| 1960年 | 鉄道 75.8% | 船 1.1 | 自動車 22.8 | 航空機 0.3 |

| 2018年 | 30.2% | 63.0 | 0.2 | 6.6 |

貨物

| 1960年 | 鉄道 39.0% | 自動車 15.0 | 船 46.0 | 航空機 0.1未満 |

| 2018年 | 3.8% | 60.9 | 35.1 | 0.2 |

（交通関連統計資料集ほかによる）

2 日本の貿易

■ 日本の貿易の変化

- **加工貿易**…かつては原料を輸入して加工し，工業製品を輸出する貿易で発展。
- **貿易摩擦**…1980年代に欧米諸国と日本との間で，日本の輸出額が輸入額を大きく上回ったため，欧米諸国が輸入量を増やすように要求→現地で生産を行う企業が増加。
- **貿易自由化**…輸入品にかけられる関税や輸入量の制限を撤廃。1990年代には牛肉やオレンジなどが自由化→国内の生産地に影響を与える。近年は**ＴＰＰ〔環太平洋パートナーシップ〕協定**へ参加。

よくでる 日本の貿易品目の変化

輸入

| 1935年 24億7224万円 | せんい原料・せんい製品 38.3% | 金属・金属製品 11.9 | 食料品 9.6 | 石油 4.3 / 機械類 4.0 | その他 31.9 |

| 2021年 84兆8750億円 | 機械類 25.1% | 石油 10.7 | 医薬品 5.0 | 液化ガス 5.9 / 衣類 3.3 | その他 50.0 |

輸出

| 1935年 24億9907万円 | せんい品 41.6% | 鉄鋼 2.6 / 機械類 1.8 | その他 54.0 |

| 2021年 83兆914億円 | 機械類 38.1% | 自動車 12.9 | 鉄鋼 4.6 / 自動車部品 4.3 | その他 40.1 |

（「日本国勢図会2023/24」ほかによる）

解答解説
別冊
P.9

1 右の**資料１**は，成田国際空港からの輸出額上位５品目とその輸出額を示している。**資料１**中の**A**にあてはまる品目を，次のア〜オから１つ選べ。〈福島県〉　➡P.24●日本の貿易

[　　　　　　　]

ア　金属加工機械　　イ　自動車　　ウ　集積回路
エ　医薬品　　　　オ　衣類

**資料１　成田国際空港からの輸出額
上位５品目とその輸出額**

輸出品目	輸出額（億円）
半導体等製造装置	11710
科学光学機器	7386
金（非貨幣用）	7149
A	5025
電気計測機器	4926

（2021年）
（「日本国勢図会2023/24」による）

2 日本は原料を輸入し，□□□□して，優れた工業製品を輸出する□□□□貿易に大きく依存してきた。□□に入る適切な語句を答えよ。〈兵庫県〉　➡P.24●日本の貿易

[　　　　　　　]

3 次の**資料２**は，2019年の日本の空港や港における輸入額と輸出額のそれぞれ上位６港について，拓斗さんが調べたことをまとめたものである。また，**資料２**中のＡ〜Ｄはそれぞれ，成田国際空港，関西国際空港，東京港，名古屋港のいずれかである。成田国際空港と名古屋港にあたるものを，Ａ〜Ｄから１つずつ選べ。〈京都府〉　➡P.24●日本の貿易

成田国際空港[　　　　　]　名古屋港[　　　　　]

資料２

	輸入額（2019年）				輸出額（2019年）		
順位	空港・港名	輸出入総額に占める輸入額の割合	１位の品目	順位	空港・港名	輸出入総額に占める輸出額の割合	１位の品目
1	A	55.2%	通信機	1	C	70.8%	自動車
2	B	66.4%	衣類	2	A	44.8%	半導体等製造装置
3	C	29.2%	液化ガス	3	横浜港	58.7%	自動車
4	横浜港	41.3%	石油	4	B	33.6%	半導体等製造装置
5	大阪港	55.9%	衣類	5	神戸港	62.7%	プラスチック
6	D	43.4%	医薬品	6	D	56.6%	集積回路

（「日本国勢図会2020/21」による）

4 右の**資料３**は，千葉県，東京都，大阪府，沖縄県について調べたものである。大阪府を示すものを，**資料３**中のア〜エから１つ選べ。

〈山梨県〉

[　　　　　　　]

資料３

	航空旅客輸送（千人）		製造品出荷額（億円）
項目\n都府県	国内線	国際線	
ア	29,152	831	74,207
イ	10,836	4	4,990
ウ	10,861	269	172,701
エ	4,127	1,745	125,846

（「データでみる県勢2023」による）

5 次の文中の□ a □，□ b □にあてはまる言葉の正しい組み合わせを，あとのア〜エから１つ選べ。〈岐阜県〉

[　　　　　　　]

> 交通網が整備された結果，大都市に人が引き寄せられる現象を□ a □という。交通の発達は，都市と農村の時間距離を□ b □が，その一方で，地方や農村の消費が落ちこみ，経済を衰退させることもある。

ア　a－ドーナツ化現象　b－縮める　　イ　a－ストロー現象　b－縮める
ウ　a－ドーナツ化現象　b－伸ばす　　エ　a－ストロー現象　b－伸ばす

よくでる **6** 右の**資料4**は，2019年の北海道，神奈川県，奈良県，沖縄県のいずれかの訪問者数，世界遺産登録数，空港の数，新幹線の駅の数をそれぞれ示したものである。北海道にあたるものを，**資料4**中の**ア**～**エ**から1つ選べ。〈岩手県〉

[　　　　　　　]

資料4

	訪問者数※（万人）	世界遺産登録数	空港の数	新幹線の駅の数
ア	588	3	0	0
イ	773	1	13	0
ウ	2,133	1	14	2
エ	2,642	0	0	2

※訪問者数は，観光・レクリエーション目的で訪れた人数
※北海道・沖縄県は，2021年に世界遺産がもう1件登録されている。（国土交通省，文部科学省資料による）

7 次のグラフは，2017年のドイツ，中国，フィリピン，コートジボワールのいずれかの国の日本への輸出額およびおもな輸出品目の割合を表している。ドイツを示しているものを，次の**ア**～**エ**から1つ選べ。〈岩手県〉

[　　　　　　　]

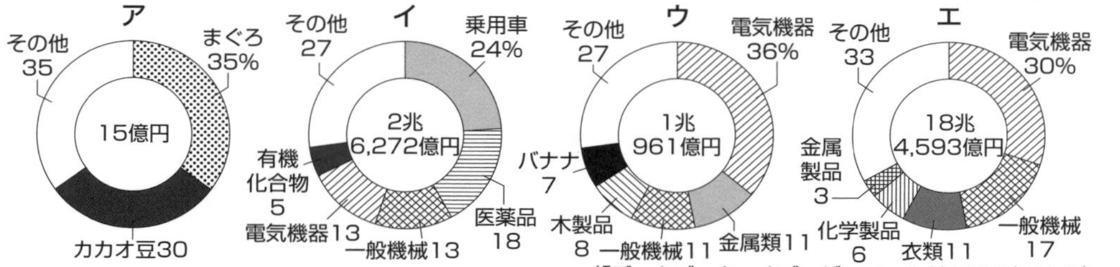

ア
15億円
まぐろ 35%
カカオ豆30
その他 35
イ
2兆6,272億円
乗用車 24%
医薬品 18
一般機械13
電気機器13
有機化合物 5
その他 27
ウ
1兆961億円
電気機器 36%
金属類11
一般機械11
木製品 8
バナナ 7
その他 27
エ
18兆4,593億円
電気機器 30%
一般機械 17
衣類11
化学製品 6
金属製品 3
その他 33

（「データブック・オブ・ザ・ワールド2019」による）

思考力 正答率45.8% **8** 右の**ア**～**エ**は，日本における1960年の輸出品目と輸入品目，2020年の輸出品目と輸入品目のいずれかを示したものである。2020年の輸入品目として最も適当なものを，**ア**～**エ**から1つ選べ。

〈大分県〉 ➡P.24●日本の貿易 [　　　　　　　]

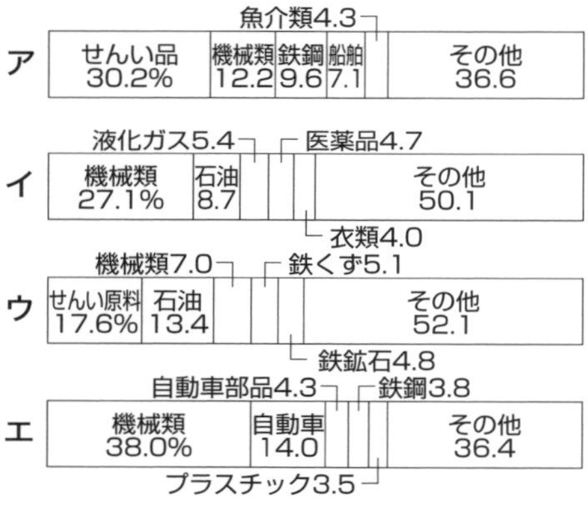

ア
せんい品 30.2%
機械類 12.2
鉄鋼 9.6
船舶 7.1
魚介類4.3
その他 36.6
イ
機械類 27.1%
石油 8.7
液化ガス5.4
医薬品4.7
衣類4.0
その他 50.1
ウ
せんい原料 17.6%
石油 13.4
機械類7.0
鉄くず5.1
鉄鉱石4.8
その他 52.1
エ
機械類 38.0%
自動車 14.0
自動車部品4.3
鉄鋼3.8
プラスチック3.5
その他 36.4

（「日本国勢図会2021/22」による）

正答率62.6% **9** 次の**表**は，右下の**地図**中に▬で示した4つの道府県に宿泊（しゅくはく）した旅行者数と東京都から4つの道府県への旅客輸送数（2019年）を示したものである。**表**中のⅠとⅡには，鉄道か航空のいずれかがあてはまる。Aにあてはまる道県と，Ⅰにあてはまる交通機関の組み合わせとして正しいものを，あとの**ア**～**エ**から1つ選べ。〈栃木県〉

[　　　　　　　]

表

道府県	宿泊旅行者数（千人）	東京都からの旅客輸送数（千人） Ⅰ	Ⅱ
A	18,471	191	6,267
B	3,792	13	1,215
C	6,658	3,721	0
大阪府	16,709	10,327	3,237

（「データでみる県勢」ほかによる）

ア　A－北海道　Ⅰ－鉄道
イ　A－新潟県　Ⅰ－鉄道
ウ　A－北海道　Ⅰ－航空
エ　A－新潟県　Ⅰ－航空

地図

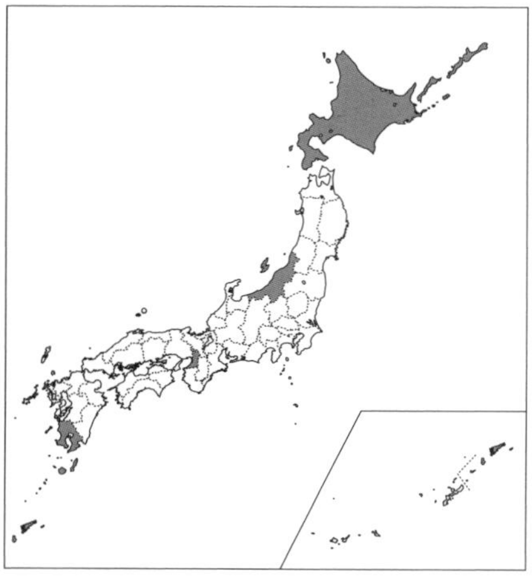

10 右の**グラフ1**は，日本の輸入貿易総額とその大陸（州）別割合の変化を示したもので，**グラフ1**中のA〜Dには，アジア州，オセアニア州，北アメリカ州，ヨーロッパ州（東欧諸国・旧ソ連・ロシアを含む）のいずれかの州があてはまる。北アメリカ州にあてはまるものとして，最も適切なものを，**グラフ1**中のA〜Dから1つ選べ。ただし，北アメリカ州は，カナダとアメリカ合衆国のみ，**グラフ1**中の中南アメリカ州は，メキシコ以南と南アメリカ州を指すものとする。〈鳥取県〉

[　　　　　　　　]

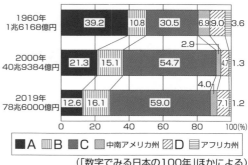

グラフ1　日本の輸入貿易総額とその大陸（州）別割合の変化

（「数字でみる日本の100年」ほかによる）

11 次の**資料5**は，2020年に日本で貿易が行われたおもな港または空港（あ〜え）において，輸出額上位3品目とそれぞれが輸出総額に占める割合を示したものである。**資料5**中のA，Bは，輸出に利用する交通機関である船舶または航空機のいずれかがあてはまる。航空機があてはまるのは**資料5**中のA，Bのどちらか，記号を書け。また，そのように判断した理由を，輸出額上位3品目のおもな特徴にふれながら簡潔に答えよ。〈長崎県〉　➡P.24●日本の交通・通信

資料5

港または空港	輸出額上位3品目					交通機関
あ	半導体等製造装置	7.8%	金	7.0%	半導体等電子部品	6.8%	A
い	半導体等電子部品	26.2%	電気回路等の機器	6.5%	科学光学機器	6.4%	A
う	自動車	24.6%	自動車部品	16.6%	原動機（内燃機関など）	4.3%	B
え	自動車	15.9%	原動機（内燃機関など）	5.3%	プラスチック	4.7%	B

（財務省「貿易統計」ほかによる）

航空機[　　　　　　　　]

理由　[　　　　　　　　　　　　　　　　　　　　　　　　　]

12 右下の**グラフ2**は，2017年度における日本の，国内の貨物輸送における，輸送量とエネルギー消費量の，輸送機関別の割合を表したものである。また，次の会話文は，健太さんと先生が，**グラフ2**を見ながら，「モーダルシフト」について話をしたときのものである。文中の　**P**　・　**Q**　に，それぞれ適当な言葉を書き入れて文を完成させよ。ただし，　**P**　には，「船と鉄道」「同じ輸送量」「エネルギー消費量」の3つの言葉を，　**Q**　には「二酸化炭素」の言葉を用いること。〈愛媛県〉

先生：国土交通省では，貨物輸送について，トラックなどの自動車の利用から，船と鉄道の利用へと転換を図る「モーダルシフト」を推進しています。グラフから，国土交通省が期待していることは何かわかりますか。

健太：自動車に比べて，　**P**　ので，　**Q**　ということです。

先生：そのとおりです。

グラフ2

（注）輸送量は，輸送貨物の重量（トン）に，輸送距離（km）をかけて算出したものである。エネルギー消費量は，輸送したときに消費したエネルギーを熱量（キロカロリー）に換算したものである。
（2019年版　EDMC/エネルギー・経済統計要覧による）

P[　　　　　　　　　　　　　　　　　　　　　　　　　　　]

Q[　　　　　　　　　　　　　　　　　　　　　　　　　　　]

日本の諸地域

1 九州地方／中国・四国地方

■ 九州地方

・自然…火山が多く，**地熱発電**がさかん。阿蘇山に**カルデラ**，南部に**シラス台地**。

・農業…南部で**畜産**，**宮崎平野**で促成栽培，筑紫平野で二毛作。

・工業…八幡製鉄所を中心に**北九州工業地域**が広がる。

■ 中国・四国地方

・自然…**中国山地**，四国山地にはさまれ，瀬戸内では1年を通して降水量が少ない。

・農業…**高知平野**で促成栽培。愛媛県ではみかん栽培。

・工業…**瀬戸内工業地域**を形成。倉敷市，周南市などには**石油化学コンビナート**が建設。

・交通…**本州四国連絡橋**が開通し，移動が活発化。

北九州工業地域の製造品出荷額等の変化

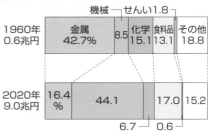

	金属	機械	化学	食料品	せんい1.8 その他
1960年 0.6兆円	42.7%	8.5	15.1	13.1	18.8

2020年 9.0兆円	16.4%	44.1	6.7	17.0 0.6	15.2

（「日本国勢図会2023/24」ほかによる）

よくでる

本州四国連絡橋

尾道・今治ルート（瀬戸内しまなみ海道）1999年開通

児島・坂出ルート（瀬戸大橋）1988年開通

神戸・鳴門ルート（明石海峡大橋・大鳴門橋）1998年開通

岡山県　兵庫県　広島県　山口県　香川県　愛媛県　高知県　徳島県

2 近畿地方／中部地方／関東地方

■ 近畿地方

・工業…**阪神工業地帯**を形成。**中小工場**が多い。

・観光…京都・奈良では**歴史的な景観**を守る取り組み。

・環境保全…滋賀県では**琵琶湖**の水質を守る取り組み。

■ 中部地方

・自然…中央部に**日本アルプス**。**濃尾平野**には**輪中地帯**。

・農業…北陸では**稲作**，東海では**施設園芸農業**がさかん。

・工業…**中京工業地帯**，東海工業地域。北陸では**伝統工業**が発展。

■ 関東地方

・都心部…郊外からの通勤・通学で**夜間人口**より，**昼間人口**が多い。

・工業…**京浜工業地帯**，京葉工業地域。近年は北関東へ工場が進出。

東北地方の伝統的工芸品

青森県	津軽塗
秋田県	大館曲げわっぱ
岩手県	南部鉄器
山形県	天童将棋駒
宮城県	宮城伝統こけし
福島県	会津塗

3 東北地方／北海道地方

■ 東北地方

・自然…中央部に**奥羽山脈**。三陸海岸には**リアス海岸**。

・農業…稲作や果樹栽培。**やませ**の影響で**冷害**が発生。

■ 北海道地方

・大規模な農業経営…石狩平野の**稲作**，十勝平野の**畑作**，根釧台地の**酪農**。

北海道のおもな地形

オホーツク海　択捉島　知床半島　北方領土　国後島　色丹島　歯舞群島　大雪山　石狩川　石狩平野　根釧台地　釧路湿原　十勝川　十勝平野　夕張山地　洞爺湖　有珠山　日高山脈

1 右の**地図1**を見て，次の問いに答えなさい。〈静岡県〉

➡P.28●**九州地方**

(1) **地図1**中の**A**にある八丁原発電所では，火山活動を利用した発電が行われている。八丁原発電所で行われている発電方法を，次の**ア～エ**から1つ選べ。

[　　　　　]

ア 原子力　　**イ** 火力　　**ウ** 水力　　**エ** 地熱

(2) 九州南部に広がる，古い火山の噴出物によってできた台地は何とよばれるか。その名称を書け。

[　　　　　]

(3) **地図1**中の**B**の県は，ピーマンの促成栽培がさかんであり，東京や大阪などに出荷している。右の**グラフ1**は，2018年の東京の市場における，**B**の県，関東地方，その他の道府県の，ピーマンの月別入荷量と，ピーマン1kg当たりの平均価格を示している。促成栽培を行う利点を，**グラフ1**から読み取れる，入荷量と価格に関連づけて，簡潔に答えよ。

[

]

地図1

八丁原発電所

A

B

グラフ1

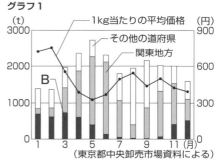

1kg当たりの平均価格

その他の道府県

関東地方

B

（東京都中央卸売市場資料による）

2 右の**地図2**を見て，次の問いに答えなさい。

➡P.28●**中国・四国地方**

(1) 次の**表1**は，**地図2**中の島根県，広島県，愛媛県，高知県の，2017年における人口，農業産出額，工業出荷額を示したものである。**表1**中の**X～Z**にあてはまる県の組み合わせとして正しいものを，あとの**ア～エ**から1つ選べ。〈埼玉県〉 [　　　　　]

地図2

島根県

広島県

中国山地

愛媛県

高知県

四国山地

表1

	人口（千人）	農業産出額（億円）			工業出荷額（億円）
		米	野菜	果実	
X	2829	263	240	172	102356
Y	714	125	750	118	5919
Z	1364	164	206	537	42008
島根県	685	196	103	38	11841

（「データでみる県勢2020」による）

ア X－広島県　Y－愛媛県　Z－高知県　　　**イ** X－広島県　Y－高知県　Z－愛媛県
ウ X－愛媛県　Y－広島県　Z－高知県　　　**エ** X－高知県　Y－愛媛県　Z－広島県

(2) 愛媛県などの瀬戸内地域が年間を通して降水量が少ない理由を，**地図2**を参考にして，簡潔に答えよ。〈山口県〉

[　　]

3 近畿地方について，次の問いに答えなさい。→P.28●近畿地方

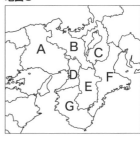

(1) 右の**地図3**中の**C**の県にある，日本で最も面積が広い湖の名を書け。〈北海道〉　[　　　　　　　]

(2) **地図3**中の**A**～**G**のうち，日本海と瀬戸内海（せとないかい）の両方に面しているのはどれか。記号と府県名を書け。〈栃木県〉
記号[　　　　　]　府県名[　　　　　　　]

(3) 近畿地方の産業について述べた次の文**X**，**Y**の正誤の組み合わせとして正しいものを，あとの**ア**～**エ**の中から1つ選べ。〈佐賀県〉　　[　　　　　　　]

X 大阪は，江戸（えど）時代には「将軍のおひざもと」とよばれ，日本の商業の中心として発展した。

Y 阪神（はんしん）工業地帯は数多くの自動車関連工場が集まり，日本最大の工業出荷額をほこっている。

ア X-正 Y-正　　**イ** X-正 Y-誤
ウ X-誤 Y-正　　**エ** X-誤 Y-誤

(4) 次の説明文中の◻◻にあてはまる内容を，簡潔に答えよ。〈佐賀県〉

> 京都市では歴史的な◻◻ことを目的として，建物の高さやデザインなどに規制を設けるなどの取り組みを行っている。

[　　　　　　　　　　　　　　　　　　　　　　　　　　　　]

4 右の**地図4**を見て，次の問いに答えなさい。〈山口県〉　→P.28●中部地方

(1) **地図4**中の**X**には，もともと山地の谷であった部分に海水が入りこんでできた，小さな岬（みさき）と湾（わん）が連続する入り組んだ海岸がみられる。このような海岸を何というか。
[　　　　　　　]

(2) 中部地方の太平洋側では，温室やビニールハウスを用いて野菜や花などを栽培（さいばい）する農業がさかんである。このような農業を何というか。
[　　　　　　　]

(3) 右の**グラフ2**中の**a**～**c**は，中京（ちゅうきょう）工業地帯，北関東工業地域，京葉（けいよう）工業地域について，製造品出荷額等の品目別の割合を示したものである。**a**～**c**が示す工業地帯または工業地域の名称（めいしょう）の組み合わせとして正しいものを，次の**ア**～**カ**から1つ選べ。
[　　　　　　　]

グラフ2

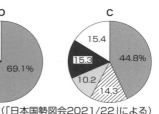

その他 9.3／機械 13.0%／金属 20.8／化学 41.5／食料品 15.4（a）
4.6／10.3／6.4／9.6／69.1%（b）
15.4／15.3／10.2／14.3／44.8%（c）

(2018年)　　　　（「日本国勢図会2021/22」による）

ア a-中京工業地帯　b-北関東工業地域　c-京葉工業地域
イ a-中京工業地帯　b-京葉工業地域　c-北関東工業地域
ウ a-北関東工業地域　b-中京工業地帯　c-京葉工業地域
エ a-北関東工業地域　b-京葉工業地域　c-中京工業地帯
オ a-京葉工業地域　b-中京工業地帯　c-北関東工業地域
カ a-京葉工業地域　b-北関東工業地域　c-中京工業地帯

5 次の**グラフ3**のⅠ，Ⅱ，**表2**のⅢ，Ⅳは，右の**地図5**中の東京都中央区，東京都多摩市のいずれかである。東京都中央区の正しい組み合わせを，あとの**ア〜エ**から1つ選べ。〈岐阜県〉

正答率 59.0%

思考力

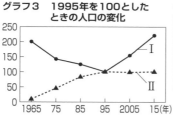

グラフ3　1995年を100としたときの人口の変化

地図5

表2　年齢層別の人口の割合（単位：%）

	Ⅲ	Ⅳ	日本全体
0〜14歳	12.0	12.2	12.9
15〜64歳	71.6	62.4	61.5
65歳以上	16.4	25.4	25.6

（2015年）（「東京都の統計」ほかによる）

ア グラフ3−Ⅰ　表2−Ⅲ 　　**イ** グラフ3−Ⅰ　表2−Ⅳ 　　[　　　　　]
ウ グラフ3−Ⅱ　表2−Ⅲ 　　**エ** グラフ3−Ⅱ　表2−Ⅳ

6 1993年は，東北地方で，やませとよばれる風が何度も吹いたことによって，東北地方の太平洋側は，大きな影響を受けた。右の**資料1〜3**を見て，次の問いに答えなさい。〈愛媛県〉

ハイレベル

➡P.28●東北地方

(1)　**資料1**は，仙台市における1993年の月別の平均気温を表したもの，**資料2**は，仙台市における2020年までの30年間の月別の平均気温を表したものである。**資料1，2**を参考にして，やませとはどのような風か，その特徴を簡潔に答えよ。ただし，[語群Ⅰ]〜[語群Ⅲ]の言葉の中からそれぞれ1つずつ選び，その3つの言葉を用いること。

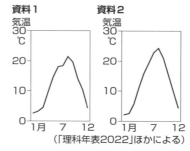

資料1

（「理科年表2022」ほかによる）

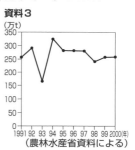

資料2

資料3

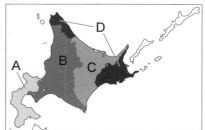

（農林水産省資料による）

[語群Ⅰ]（夏，冬）　　　[語群Ⅱ]（北西，北東）　　　[語群Ⅲ]（暖かい風，冷たい風）

[　　　　　　　　　　　　　　　　　　　　　　　　　　　]

(2)　**資料3**は，1991年から2000年における，東北地方の□□の収穫量を表したもので，1993年に収穫量が大きく減少していることがわかる。□□にあてはまる農作物として適当なものを，次の**ア〜エ**から1つ選べ。　　　　[　　　　　]

ア りんご　**イ** みかん　**ウ** 小麦　**エ** 米

7 北海道では，自然条件に応じて地域ごとに特色ある農業が展開されている。右の**地図6**は，その特色別に4つの地域区分を表したものである。十勝平野を含む地域を，**地図6**中の**A〜D**から1つ選べ。また，その地域の農業の説明として最も適切なものを，次の**ア〜ウ**から1つ選べ。〈和歌山県〉　➡P.28●北海道地方

地図6

地域[　　　　　]　説明[　　　　　]

ア 稲作を中心に野菜・畑作などの農業
イ 畑作での輪作と酪農を中心とした農業
ウ 酪農を中心とした農業

近代日本のあゆみ

1 欧米の進出と日本の開国

■ 欧米の近代化とアジア進出

- ・イギリス…17世紀に**名誉革命**で**権利(の)章典**を制定。18世紀後半に**産業革命**→**資本主義**が広がる。
- ・アメリカ…18世紀に「**独立宣言**」が出される。19世紀半ばに奴隷制をめぐって**南北戦争**。
- ・フランス…18世紀後半に**フランス革命**→「**人権宣言**」が出される。19世紀**ナポレオン**が皇帝に。
- ・中国…三角貿易をめぐって**アヘン戦争**→南京条約。

■ 日本の開国

- ・1853年, 浦賀に**ペリー来航**→翌年, **日米和親条約**締結。
- ・1858年, **日米修好通商条約**を締結→**領事裁判権**〔治外法権〕を認め, **関税自主権**がない不平等条約。
- ・**尊王攘夷運動**…薩摩藩と長州藩が**薩長同盟**を結ぶ。
- ・**大政奉還**…徳川慶喜が政権を朝廷に返し, 江戸幕府が滅亡。

よくでる **幕末の開港地**

日米修好通商条約で開港

函館

新潟

兵庫神戸

神奈川(横浜)

下田

長崎

日米和親条約で開港

（下田は日米修好通商条約で閉鎖）

2 明治維新

■ 明治維新

- ・**五箇条の御誓文**…天皇が新しい政治の方針を示す。
- ・中央集権国家の形成…土地や人民を政府に返す**版籍奉還**, 藩を廃止して府県を設置する**廃藩置県**。
- ・**学制**…6歳以上の男女を小学校に通わせることを義務づけ。**徴兵令**…満20歳になった男子に兵役。
- ・**地租改正**…土地所有者が地価の3%の地租を現金で納める。
- ・**殖産興業**…**富国強兵**を目指し, **富岡製糸場**などの官営模範工場の設置。

■ 立憲制国家への歩み

- ・自由民権運動の広がり…国会の開設を求めて, 板垣退助らが**民撰議院設立の建白書**を提出。
- ・内閣制度の設立…初代内閣総理大臣に**伊藤博文**が就任。
- ・大日本帝国憲法発布…主権は天皇, 国民は「臣民」とされ, 法律の範囲内で権利が認められる。
- ・第1回衆議院議員選挙…**直接国税15円以上を納める満25歳以上の男子**に選挙権。

3 日清戦争・日露戦争

ミス注意 **日清戦争と日露戦争のちがいに注意しよう**

■ 条約改正の実現

- ・岩倉使節団の派遣→1894年に**陸奥宗光**が領事裁判権の撤廃→1911年に**小村寿太郎**が関税自主権の回復。

■ 日清・日露戦争

- ・1894年, 甲午農民戦争→**日清戦争**が始まる→戦後, **三国干渉**が起こりロシアとの関係悪化。
- ・義和団事件をきっかけに, 1904年に**日露戦争**が始まる→韓国での優越権を得て1910年に**韓国併合**。

日清戦争		日露戦争
下関条約	講和条約	**ポーツマス条約**
・遼東半島, 台湾, 澎湖諸島の割譲 ・賠償金2億両など	条約の内容	・韓国における日本の優越権を認める ・南樺太の割譲など
・三国干渉が起こり遼東半島を返還 ・日英同盟を締結	戦後の様子	・賠償金が得られなかったため日比谷焼き打ち事件が起こる

1 次の問いに答えなさい。→P.32●欧米の近代化とアジア進出

（1） 次の文中の □ にあてはまる語句を書け。

A[　　　　　　]　B[　　　　　]

A　1789年にフランス革命が起こり，同じ年，自由，平等，国民（人民）主権などをうたう □ が発表された。〈栃木県〉

B　18世紀後半に □ で産業革命が始まると，火を利用した蒸気機関の発明によって，工業や交通機関の動力の燃料として石炭が多く使われるようになった。〈福井県〉

（2） イギリスは，18世紀末から19世紀にかけて，インド，中国との3か国間で貿易を行った。それぞれの国のおもな輸出品とその輸出先を示しているものを，次のア〜エから1つ選べ。〈岩手県〉　[　　　　　]

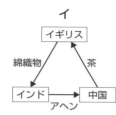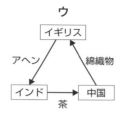

2 右の年表を見て，次の問いに答えなさい。→P.32●日本の開国／明治維新

（1） 年表中の下線部Aのペリーが来航した場所を，右下の地図中のア〜エから1つ選べ。〈和歌山県〉
[　　　　　]

（2） 年表中のBに関して，この条約で日本は2つの港を開くことになった。この2つの港の名前を書け。
〈愛媛県〉　[　　　　]　[　　　　]

年代	できごと
1853	Aペリーが来航する
1854	日米和親条約が結ばれる……B
1866	薩長同盟が成立する………C
	X
1872	D が発布される

（3） 年表中のCは，土佐藩出身の □ らの仲立ちで成立した。□ にあてはまる人物を，次のア〜エから1つ選べ。〈栃木県〉
[　　　　　]

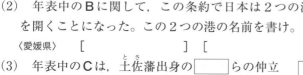

ア　大久保利通　　イ　岩倉具視
ウ　木戸孝允　　　エ　坂本龍馬

（4） 次のア〜ウは，年表中のXの時期に起こったできごとについて述べたものである。これらのできごとを起こった順に並べかえ，記号で書け。〈和歌山県〉

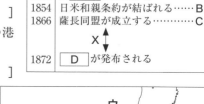

ア　朝廷が，王政復古の大号令を出した。
[　　→　　→　　]

イ　徳川慶喜が，政権を朝廷に返上した。

ウ　旧幕府軍と新政府軍との間で鳥羽・伏見の戦いが起こった。

（5） 年表中の D の発布により，わが国では全国各地に小学校がつくられることになった。D にあてはまる語句を書け。〈栃木県〉　[　　　　　]

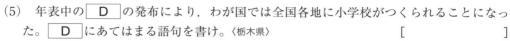

3 新政府は近代化を進める中で，1週間を7日，1年を365日とする暦を採用した。この暦を何というか。〈山口県〉　[　　　　　　　　　　]

正答率 87.0% **4** 次の文について，地租改正によって税のかけ方と税の納め方はどのように変わったか。 □□□□□□□□ にあてはまる内容を，「**基準にして**」，「**土地の所有者**」という2つの語句を用いて，簡潔に答えよ。〈岐阜県〉　➡P.32●明治維新

[　　　　　　　　　　　　　　　　　　　　　　　　　　　　　]

> 政府は，国家の財政を安定させるために，1873年から地租改正を実施した。これまで収穫高を基準にして税をかけ，おもに農民が米で税を納めていたが，この改革により，地券を発行し，□□□□□□□□ こととした。

思考力 **5** 明治政府が行った，藩にかえて全国に県や府を置き，政府から派遣された県令や府知事が，行政を担うこととなった改革の名称を書け。〈愛媛県〉　➡P.32●明治維新

[　　　　　　　　　　]

正答率 60.3% **6** 日本は，パリ博覧会に生糸を出品した。その後，生糸の増産と品質向上を目指し，1872年に群馬県に建てられた官営模範工場を何というか。〈栃木県〉　➡P.32●明治維新

[　　　　　　　　　　]

7 右の**資料1**は，明治時代に出版され，人間の平等と自立を説き，多くの人々に影響を与えた書物の一部である。この書物を何というか。〈滋賀県〉

資料1

> 天は人の上に人を造らず，人の下に人を造らずといへり。

[　　　　　　　　　　]

8 右の**資料2**を見て，次の問いに答えなさい。➡P.32●条約改正の実現
(1) **資料2**は，1871年から1873年にかけて海外に渡った岩倉具視を団長とする使節団の写真である。岩倉使節団に同行した女子留学生で，女子教育の発展に努めた人物を，次の**ア**〜**エ**から1つ選べ。〈京都府〉

[　　　　　　　　　　]

資料2　岩倉使節団について

木戸孝允　山口尚芳　岩倉具視　伊藤博文　**A**

　　ア　津田梅子　　　　イ　樋口一葉
　　ウ　平塚らいてう　　エ　与謝野晶子

よくでる (2) 岩倉使節団の一員として派遣され，帰国後，征韓論に反対した**資料2**中の **A** にあてはまる薩摩藩出身の人物名を書け。〈宮崎県〉

[　　　　　　　　　　]

(3) 岩倉使節団が視察した国のうち，プロイセンの首相ビスマルクの下で統一された国を，次の**ア**〜**エ**から1つ選べ。〈山口県〉　[　　　　　　　　　　]

　　ア　イギリス　　イ　イタリア　　ウ　フランス　　エ　ドイツ

ハイレベル (4) 岩倉使節団が欧米に派遣されたおもな目的を，新政府の外交課題に着目して，簡潔に答えよ。〈山口県〉

[　　　　　　　　　　　　　　　　　　　　　　　　　　　　　]

9 右の年表を見て，次の問いに答えなさい。→P.32●立憲制国家への歩み

(1) 年表中のAをきっかけとして始まった，憲法制定や議会開設などの実現を通して，国民が政治に参加する権利の確立を目指す運動を何というか。〈和歌山県〉

[　　　　　　　　　　　]

年代	できごと
1874	民撰議院設立の建白書が政府に提出される…………A
1885	内閣制度がつくられる……B
1890	第1回衆議院議員総選挙が行われる………………C

(2) 年表中のAが進められる中，国会の開設に備えて自由党を結成し，党首となった人物を，次のア〜エから1つ選べ。〈岩手県〉　[　　　　　　　]

ア 板垣退助　　イ 大隈重信　　ウ 木戸孝允　　エ 大久保利通

(3) 年表中のBに関して，初代の内閣総理大臣となった人物はだれか。〈長崎県〉

[　　　　　　　　　　　]

正答率 50.9%

(4) 年表中のCについて述べた次の文中の　a　〜　c　にあてはまる語句や数字を書け。〈滋賀県〉　　a[　　　　] b[　　　　] c[　　　　]

衆議院議員の選挙権が与えられたのは，直接国税　a　円以上を納める満　b　歳以上の　c　であった。そのため，有権者は裕福な地主や都市に住む人々などに限られていた。

10 日清・日露戦争について，次の問いに答えなさい。→P.32●日清・日露戦争

よくでる

(1) 日清戦争後に結ばれた講和条約を，次のア〜エから1つ選べ。〈岩手県〉

[　　　　　　　　　　　]

ア 下関条約　　　　　　イ ポーツマス条約
ウ 日中平和友好条約　　エ サンフランシスコ平和条約

(2) 日清戦争後の三国干渉によって日本が清に返還したものを，次のア〜エから1つ選べ。また，三国干渉の三国とはフランス，ドイツとどこか，国名を書け。〈富山県〉

記号[　　　　　　] 国名[　　　　　　]

ア 山東半島　　イ 台湾　　ウ 澎湖諸島　　エ 遼東半島

思考力

正答率 77.9%

(3) 右の資料3は，日清戦争と日露戦争の，日本の死者と戦費を示している。日本は日露戦争に勝利したが，1905年に結ばれた講和条約の内容に不満を持った人々による暴動が起こった。人々が講和条約の内容に不満を持った理由を，資料3から読み取れることに関連づけて，簡潔に答えよ。〈静岡県〉

[　　　　　　　　　　　　　　　　　　　　　　　　　　　　]

資料3

	死者（万人）	戦費（億円）
日清戦争	1.4	2.3
日露戦争	8.5	18.3

（「日本長期統計総覧」による）

正答率 56.0%

(4) 次の文中の　X　・　Y　にあてはまる語句の組み合わせとして正しいものを，あとのア〜エから1つ選べ。〈鳥取県〉　　[　　　　　　]

日露戦争後の1911年，　X　外務大臣の下，日米間などで新たな通商航海条約が結ばれ，日本は　Y　に成功し，欧米諸国との条約改正が達成された。

ア X−小村寿太郎　Y−関税自主権の回復　　イ X−小村寿太郎　Y−領事裁判権の撤廃
ウ X−陸奥宗光　　Y−関税自主権の回復　　エ X−陸奥宗光　　Y−領事裁判権の撤廃

古代国家のあゆみ

1 飛鳥時代

■ 聖徳太子の政治

よくでる
- ・十七条の憲法…仏教や儒教の考えを取り入れ，役人の心構えを示す。
- ・冠位十二階の制度…家柄にとらわれず，才能のある人を役人に採用する。
- ・遣隋使の派遣…中国の進んだ文化を取り入れるため，小野妹子らを派遣。
- ・飛鳥文化…日本で最初の仏教文化。聖徳太子の法隆寺など。

■ 大化の改新と壬申の乱

- ・大化の改新…中大兄皇子・中臣鎌足らが蘇我氏を倒し，天皇中心の政治改革を進める→土地・人民を国家が直接支配する公地公民の方針を示す。
- ・白村江の戦い…唐・新羅の連合軍に敗北→西日本の各地に山城を築城，中大兄皇子が天智天皇に即位。
- ・壬申の乱…天智天皇の死後，あとつぎをめぐって対立→大海人皇子が天武天皇に即位。

2 奈良時代

■ 律令国家の成立

- ・大宝律令（701年）…律は刑罰のきまり，令は政治のきまり。
- ・平城京遷都（710年）…唐の都長安にならう。
- ・班田収授法…6歳以上の男女に口分田を支給→人口増加で口分田が不足し，743年に墾田永年私財法制定。
- ・聖武天皇の政治…仏教の力で国を治めるため，国ごとに国分寺・国分尼寺，都に東大寺と大仏をつくらせる。

奈良時代の人々のおもな負担

名称	税の内容
租	収穫高の約3％の稲を納める
調	布や地方の特産物を納める
庸	労役の代わりに布を納める
防人	九州北部に3年間の兵役

ミス注意 奈良時代につくられた『万葉集』と平安時代につくられた『古今和歌集』をまちがえないようにしよう。

■ 天平文化…唐の影響を強く受けた国際色豊かな文化。

- ・正倉院…遣唐使が持ち帰った宝物が納められる。
- ・書物…『古事記』，『日本書紀』，『万葉集』。

3 平安時代

■ 平安時代の政治…794年に平安京遷都。

よくでる 平安時代初期の仏教

開祖	宗派名	寺院
最澄	天台宗	比叡山延暦寺
空海	真言宗	高野山金剛峯寺

- ・蝦夷の平定…坂上田村麻呂を征夷大将軍に任命。
- ・遣唐使の停止…菅原道真が提案。
- ・摂関政治…藤原氏が娘を天皇のきさきにし，生まれた子を次の天皇にし，政治の実権を握る。
- ・院政…白河上皇が天皇の位をゆずって上皇になった後も，実権を握り続ける。

■ 国風文化…日本の風土や生活，日本人の感情にあった文化。

- ・かな文字の使用…紀貫之らの『古今和歌集』，紫式部の『源氏物語』，清少納言の『枕草子』。
- ・貴族の住居として寝殿造，日本の風物を描いた大和絵が広がる。
- ・浄土信仰…念仏を唱えて阿弥陀仏にすがり，極楽往生を願う→藤原頼通が宇治に平等院鳳凰堂

入試問題で実力チェック！

1 飛鳥時代の政治について，次の問いに答えなさい。 **➡P.36●聖徳太子の政治**

よくでる
(1) 右の**資料1**は，聖徳太子が役人の心得など
を示したものとして，日本書紀に記されてい
るものの一部を要約したものである。この役
人の心得などを示したものは何とよばれてい
るか。〈静岡県〉　　　　　　[　　　　　　　]

思考力
(2) 聖徳太子は蘇我馬子とともに，天皇を中心
とする政治制度を整えようとした。その中の
1つである冠位十二階の制度では，どのよう
なねらいで役人を採用しようとしたか，簡潔
に答えよ。〈和歌山県〉
[　　　　　　　　　　　　　　　　　　　　　　]

資料1

> 一にいう。和をたっとび，人と争うこ
> とのないようにこころがけなさい。
> 二にいう。あつく三宝を敬いなさい。
> 三宝とは仏・法（仏教の教え）・僧で
> ある。
> 三にいう。天皇の命令には必ず従いな
> さい。　　　　　（部分要約）

正答率95.6%
(3) 聖徳太子が建てたと伝えられ，五重塔などが現存する世界最古の木造建築として有名
な寺院を，次の**ア～エ**から1つ選べ。〈宮崎県〉

　　ア 法隆寺　**イ** 正倉院　**ウ** 平等院鳳凰堂　**エ** 延暦寺　[　　　　　　　]

よくでる
(4) 小野妹子らを派遣したときの中国の王朝を，次の**ア～エ**から1つ選べ。〈三重県〉

　　ア 秦　**イ** 漢　**ウ** 魏　**エ** 隋　　　　　　　　　　　　　　[　　　　　　　]

2 次の問いに答えなさい。 **➡P.36●大化の改新と壬申の乱**

よくでる
(1) 大化の改新とよばれる政治改革を始め，のちに即位して天智天皇となった人物はだれ
か。〈静岡県〉　　　　　　　　　　　　　　　　　　　　[　　　　　　　]

正答率70.4%
(2) 次の文中の　　　にあてはまる語句を，あとの**ア～エ**から1つ選べ。〈栃木県〉
　　　　　　　　　　　　　　　　　　　　　　　　　　　[　　　　　　　]

> 天武天皇は，672年の　　　に勝利して天皇の位につき，中央集権の国づくりを進め
> ていった。

　　ア 保元の乱　**イ** 承久の乱　**ウ** 応仁の乱　**エ** 壬申の乱

正答率66.1%
(3) 次の文章は，大化の改新が始まった後に起こったできごとについてまとめたものであ
る。文章中の　**X**　・　**Y**　にあてはまる語句の組み合わせとして正しいものを，あと
の**ア～エ**から1つ選べ。〈静岡県・改〉　　　　　　　[　　　　　　　]

> 朝鮮半島に大軍を送った倭（日本）は，唐と　**X**　の連合軍と戦った。この　**Y**　に
> 敗れた倭（日本）は朝鮮半島から退いた。その後，朝鮮半島は　**X**　によって統一された。

　　ア **X**－百済　　**Y**－白村江の戦い　　**イ** **X**－新羅　　**Y**－白村江の戦い
　　ウ **X**－百済　　**Y**－文永の役　　　　**エ** **X**－新羅　　**Y**－文永の役

3 710年，唐の都長安にならって奈良盆地につくられた都を何というか。〈山口県〉
　　➡P.36●律令国家の成立　　　　　　　　　　　　　　[　　　　　　　]

4 唐の制度にならって定められた班田収授法と，それにもとづく税制についてまとめた次の文章中の　X　・　Y　にあてはまる語句を書け。〈山口県〉　➡P.36●律令国家の成立

X[　　　　　　　　　　] Y[　　　　　　　　]

- 班田収授法とは，6歳以上のすべての人々に　X　とよばれる土地が与えられた制度である。
- この制度により，　X　を与えられた人々は，稲の収穫量の約3％を税として納めた。この税は　Y　とよばれた。

5 7世紀から8世紀にかけての期間に起こったできごととして，正しいものを，次のア～エから1つ選べ。〈大阪府〉　[　　　　　　]

ア　首里を都とした琉球王国が成立した。　　イ　地中海を中心にローマ帝国が成立した。
ウ　チンギス＝ハンがモンゴル帝国を築いた。　エ　新羅が朝鮮半島を統一した。

正答率 59.0%
6 奈良時代の文化について，次の問いに答えなさい。➡P.36●天平文化

(1) 聖武天皇の時代に，都を中心にして栄え，仏教と唐の影響を強く受けた国際的な文化を何というか。〈岐阜県〉　[　　　　　　　　　　]

(2) 奈良時代を中心に，西アジアから宝物が日本にもたらされた。これらの宝物が収められていた東大寺にある建物の名前を何というか。〈山梨県〉　[　　　　　　　　　　]

(3) 次の文章にあてはまる人物はだれか。〈山梨県〉　[　　　　　　　　　　]

　唐の時代の僧で，日本からの招きにより，たびかさなる渡航の失敗にも屈しないで8世紀の中ごろに来日した。仏教の教えをひろめ，唐招提寺を開いた。

正答率 68.1%
(4) 右の和歌では，漢字を使って一字一音で日本語を書き表している。このような表記方法が多く使用され，奈良時代に大伴家持によってまとめられたといわれる，現存する日本最古の和歌集は何か。〈福島県〉

[　　　　　　　　　　]

可良己呂武　須宗尓等里都伎
奈苦古良乎　意伎弖曽伎怒也
意母奈之尓志弖

（から衣　すそに取りつき　泣く子らを
置きてぞ来ぬや　母なしにして）

7 平安時代について，次の問いに答えなさい。➡P.36●平安時代の政治

よくでる
(1) 藤原氏は，朝廷の高い位につき，政治の実権を握るようになった。このような政治のしくみを何というか。〈和歌山県〉　[　　　　　　　　　　]

思考力
(2) 右の資料2は，藤原氏と皇室の関係を表した系図の一部である。藤原氏はどのようにして実権を握ったか。資料2からわかることにふれて，簡潔に答えよ。〈岩手県〉

[　　　　　　　　　　　　　　　　　　　　　]

(3) 11世紀の終わりごろ，白河天皇は，退位して上皇となった後も続けて政治を行った。このような政治を　　　という。　　　にあてはまる語句を書け。〈栃木県〉

[　　　　　　　　　　]

資料2

兼家
円融天皇＝詮子　冷泉天皇＝超子　道長
一条天皇＝彰子　三条天皇＝妍子　頼通
嬉子＝後朱雀天皇　威子＝後一条天皇

＝は，結婚していることを示す

8 平安時代の仏教や文化について，次の問いに答えなさい。→P.36●国風文化

(1) 空海が，9世紀の初めに唐から帰国した後，仏教の新しい宗派を広めた。この宗派を，次のア～エから1つ選べ。〈山口県〉　[　　　　]
　ア　真言宗　　イ　天台宗　　ウ　浄土宗　　エ　日蓮宗

(2) 遣唐使が停止されたころから発達した文化を何というか。〈山梨県〉
　　　　　　　　　　　　　　　　　　　　　　　　　　　[　　　　]

(3) (2)の文化について，紀貫之らによってまとめられたものを，次のア～エから1つ選べ。
〈三重県〉　　　　　　　　　　　　　　　　　　　　　[　　　　]
　ア　万葉集　　イ　古今和歌集　　ウ　日本書紀　　エ　古事記

(4) 平安時代にひらがなを用いて自然の様子や宮廷の様子などを随筆として著した人物を，次のア～エから1つ選べ。〈大阪府〉　[　　　　]
　ア　世阿弥　　イ　出雲の阿国　　ウ　清少納言　　エ　松尾芭蕉

9 古代の日本や世界について，次の問いに答えなさい。→P.36●律令国家の成立／平安時代の政治

(1) 右の資料3は，わが国の古代につくられた都を示そうとしたものである。資料3の都がつくられた当時の中国の様子について述べた文として正しいものを，次のア～エから1つ選べ。〈大阪府〉
　　　　　　　　　　　　　[　　　　]

資料3

　ア　律令などの法律や役所のしくみを整え，シルクロードを通じてイスラム帝国などとも交易をした。
　イ　東南アジアから東アフリカにかけての広い地域と交易していたが，倭寇とよばれる海賊になやまされた。
　ウ　北方の遊牧民族の侵入を防ぐために，始皇帝によって万里の長城が築かれた。
　エ　遊牧民を攻めて中央アジアに領土を広げ，また，朝鮮北部を支配して楽浪郡などを置いた。

(2) 墾田永年私財法が出されたことによって，その後，貴族や寺院などは，農民を使ってさかんに開墾を行った。墾田永年私財法で定められた内容を，簡潔に答えよ。〈静岡県〉
[　　　　　　　　　　　　　　　　　　　　　　　　　　　]

(3) 古代に起こった次のア～エのできごとを，古いものから順に並べかえ，記号で答えよ。
〈鳥取県〉　　　　　　　　　[　　→　　　→　　　→　　]
　ア　朝廷は，坂上田村麻呂を派遣して，東北地方への支配を広げた。
　イ　朝廷は，人民の把握のために，最初の全国的な戸籍をつくった。
　ウ　朝廷は，唐にならった最初の律令を完成させ，中央集権を整備した。
　エ　朝廷は，開墾を奨励するために，墾田永年私財法を定めた。

(4) 平安京が都とされてから鎌倉幕府が成立するまでの，平安時代のできごとについて述べた文を，次のア～エから1つ選べ。〈三重県〉
　ア　奥州藤原氏によって，平泉に中尊寺金色堂が建設された。　[　　　　]
　イ　聖武天皇によって，東大寺が建てられ，大仏がつくられた。
　ウ　運慶らによって，東大寺南大門の金剛力士像が制作された。
　エ　観阿弥・世阿弥によって，能が大成された。

古代国家のあゆみ　**39**

中世の日本

1 鎌倉幕府の成立

■ 平氏政権

・武士の成長…東日本の源氏と西日本の平氏→**保元の乱**，**平治の乱**を経て，平氏が勢力を拡大。

・**平 清盛**の政治…武士として初めて**太政大臣**となる。**日宋貿易**を行うために兵庫の港を整備。

・源平の争乱…平氏の政治に反発して **源 頼朝** が挙兵→**壇ノ浦の戦い**で平氏を滅ぼす。

■ 鎌倉幕府の政治

・鎌倉幕府の成立…源頼朝が**征夷大将軍**に任命される。

・国ごとに**守護**，荘園・公領ごとに**地頭**を設置。

> **ミス注意** 守護と地頭をまちがえないようにしよう。

鎌倉幕府の将軍と御家人の関係

領地を認め，手がらによって新しい領地を与える

将軍 ←御恩→ 御家人

奉公

将軍のために命をかけて戦う

・**執権政治**…頼朝の死後，執権の**北条氏**が政治の実権を握る。

・**承久の乱**…後鳥羽上皇が挙兵→幕府側が勝利し，**六波羅探題**設置。

・**御成敗式目〔貞永式目〕**…執権の**北条泰時**が武士の慣習をまとめる。

■ 鎌倉幕府の衰退

・**元寇**（文永の役，弘安の役）…二度に渡り元が襲来

→集団戦法と火薬武器に幕府軍は苦戦。

・御家人の困窮…領地の分割相続をくり返し，土地を手放す→

徳政令を出す。

・**鎌倉文化**…武士の気風を反映した力強い文化。

・**金剛力士像**…運慶らが東大寺南大門に設置。

・文学…『**新古今和歌集**』，『**徒然草**』，『**方丈記**』，琵琶法師

による『**平家物語**』の弾き語り。

・産業の発達…農業では牛や馬の利用，**二毛作**の開始，商業で

は**定期市**の開催。宋銭の使用。

よくでる 鎌倉時代の新しい仏教

宗派	開祖	教え
浄土宗	法然	念仏を唱えれば救われる
浄土真宗	親鸞	
時宗	一遍	
日蓮宗〔法華宗〕	日蓮	題目を唱えれば救われる
禅宗 臨済宗	栄西	座禅を行い，自分で悟りを開く
禅宗 曹洞宗	道元	

2 室町幕府の成立

■ 南北朝時代と室町幕府

・**建武の新政**…**後醍醐天皇**が鎌倉幕府を滅ぼし，天皇中心の政治を行う→２年ほどでくずれる。

・南北朝時代…足利尊氏が挙兵し，南朝と北朝の２つの朝廷が対立。1392年に**足利義満**が合一。

・室町幕府…足利尊氏が征夷大将軍に就任。将軍の補佐役として**管領**が置かれる。

・**勘合貿易〔日明貿易〕**…倭寇と区別するため，**勘合**が用いられる。

・**応仁の乱**…足利義政の後継ぎをめぐり守護大名が対立→乱後，各地で**下剋上**の風潮が広がる。

・**戦国大名**の出現…**分国法**を制定し，領地を支配。

■ 室町文化…公家文化と武家文化の融合した文化。

・北山文化…３代将軍足利義満のころ。**金閣**，観阿弥・世阿弥が**能**を大成。

・東山文化…８代将軍**足利義政**のころ。**銀閣**に**書院造**，**雪舟**が水墨画を大成。

・産業の発達…農村では**惣**とよばれる自治組織を形成。商工業者は**座**を結成し，営業を独占。

よくでる **1** 平清盛が，中国との貿易を進めるために整備した港の位置を，右の**地図１**中のア〜エから１つ選べ。〈埼玉県〉 ➡P.40●平氏政権

[　　　　　　　]

地図１　　　　　　**資料１**

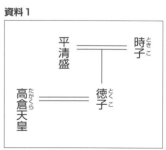

思考力 **2** 右の**資料１**は，平氏の系図の一部を示している。**資料１**からは，平氏が，その後さらに権力を強めるようになった要因の１つが読み取れる。その要因について，簡潔に答えよ。〈和歌山県〉

[　　　　　　　　　　　　　　　　　　　　　　　　　　　　　　　　　　]

3 右の**資料２**は，鎌倉幕府の将軍と御家人との主従関係を模式的に示したものである。**資料２**中の御恩にあてはまるものを，次のア〜エから１つ選べ。〈三重県〉 ➡P.40●鎌倉幕府の政治　　[　　　　　　]

ア　口分田を与えられること。　イ　国司に任命されること。
ウ　領地を保護されること。　　エ　管領に任命されること。

資料２

4 地頭が荘園や公領に置かれたのに対し，同じ時期に，国ごとに置かれた役職を何というか。〈和歌山県〉 ➡P.40●鎌倉幕府の政治

[　　　　　　]

5 鎌倉時代のできごとについて，次の問いに答えなさい。➡P.40●鎌倉幕府の政治

よくでる （1）　源氏の将軍が三代で絶え，代わって政治の実権を握った北条氏の一族を中心とする幕府を倒すために，後鳥羽上皇が起こした乱を何というか。〈山梨県〉

[　　　　　　]

（2）　(1)の乱の後，幕府は新たに六波羅探題を京都に設置した。六波羅探題を設置した目的を，簡潔に答えよ。〈富山県〉

[　　　　　　　　　　　　　　　　　　　　　　　　　　　　　　　]

ハイレベル （3）　次の**資料３**は，鎌倉幕府の執権であった北条泰時がある法律を制定した後に，弟へ送った手紙の一部を要約したものである。泰時が制定した法律は何とよばれるか。その名称を書け。また，この法律を制定した目的を，この法律を守るべき人々の身分がわかるように，簡潔に答えよ。〈静岡県〉

名称[　　　　　　]
目的[　　　　　　　　　　　　　　　　　　　　　　　　　　　　　　]

資料３

　…このようにあらかじめ定めておかないと，その人の強いか弱いかによって判決を下すことがおこったりしよう。身分の高い低いによらず，公平に裁判することができるように，記録しておくのである。すこし律令のきまりとちがうところもあるが，武家の人々の便宜のために定めただけのことである。…（北条泰時の手紙の一部要約）

6 鎌倉時代の仏教や文化について，次の問いに答えなさい。　→P.40●鎌倉文化

(1) 鎌倉時代の文化についてあてはまるものを，次の**ア～エ**から１つ選べ。〈長崎県〉　[　　　　　]
　　ア 能が完成した。　　　　　**イ** 似絵が流行した。
　　ウ かな文字が生まれた。　　**エ** 浮世絵がさかんになった。

(2) 東大寺の南大門には，力強い動きを表す，彫刻作品が置かれている。運慶らによって制作された，この作品を何というか。〈山口県〉

　　[　　　　　　　　　　　　　]

(3) 踊りを取り入れたり，念仏の札を配ったりするなど，工夫をこらしながら時宗を広めた人物を，次の**ア～エ**から１つ選べ。〈和歌山県〉　[　　　　　]
　　ア 法然　**イ** 日蓮　**ウ** 一遍　**エ** 栄西

(4) 鎌倉時代に新しい仏教が武士や農民，都市の人々にも広がっていった理由を，簡潔に答えよ。〈兵庫県〉

　　[　　　　　　　　　　　　　　　　　　　　　　　　　　　]

7 右の**資料4**は，元軍が２度に渡って日本を襲ったときの様子を描いたものである。これを見て，次の問いに答えなさい。

→P.40●鎌倉幕府の衰退

資料4

(1) **資料4**の戦いで幕府軍が元軍に苦戦した理由の一つを，**資料4**を参考に，それまで日本の武士の戦いではみられなかった武器に着目して，簡潔に答えよ。〈山口県〉

　　[　　　　　　　　　　　　　]

(2) **資料4**の戦いの後の影響について述べた文として最も適切なものを，次の**ア～エ**から１つ選べ。〈大分県〉　[　　　　　]
　　ア 武士の社会の慣習にもとづいた法がつくられ，鎌倉幕府の繁栄につながった。
　　イ 御家人の不満がつのり，鎌倉幕府が滅びる原因となった。
　　ウ 幕府に土地を寄進する武士が増え，鎌倉幕府の繁栄につながった。
　　エ 民衆が団結して一揆を起こすようになり，鎌倉幕府が滅びる原因となった。

8 後醍醐天皇が中心となって行った，武士の政治を否定し，貴族を重んじる政治を何というか。
〈岩手県〉　→P.40●南北朝時代と室町幕府　[　　　　　　　　　]

9 次の文章中の　**X**　・　**Y**　にあたる場所を，右の**地図2**中の**ア**～**オ**から１つずつ選べ。〈茨城県〉

地図2

　　　　　X[　　　　　] Y[　　　　　]

　武家政治の再興を目指す足利尊氏が　**X**　で新しい天皇を立てると，後醍醐天皇は　**Y**　にのがれて対立した。２つの朝廷は各地の武士を味方につけて戦い，約60年に渡り全国的な争乱が続くことになった。

10 右の**資料5**は，室町幕府のしくみを表したものである。

※ にあてはまる役職を書け。〈和歌山県〉

➡P.40●南北朝時代と室町幕府 [ ]

11 室町幕府が税を課した，お金の貸し付けなどを行っていた金融業者を何というか。次の**ア〜エ**から2つ選べ。〈山口県〉

[ ] [ ]

ア 土倉 **イ** 飛脚 **ウ** 惣 **エ** 酒屋

資料5

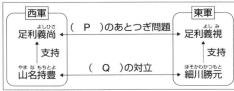

12 右の**資料6**について，次の問いに答えなさい。➡P.40●南北朝時代と室町幕府

(1) **資料6**は，勘合貿易で，明との正式な貿易船に与えられた合い札の証明書である。このような合い札の証明書が用いられた理由を，簡潔に答えよ。〈愛媛県〉

[ ]

(2) **資料6**を使った中国との貿易を始めた人物が行ったことを，次の**ア〜エ**から1つ選べ。〈神奈川県〉

ア 遣唐使を廃止した。 **イ** 刀狩を実施した。

ウ 六波羅探題を設けた。 **エ** 金閣を建てた。

資料6

右大臣書簡 本字壹号

13 室町時代の文化について述べたものを，次の**ア〜エ**から1つ選べ。〈神奈川県〉

[ ]

ア 政治を風刺する狂歌や川柳が流行した。 **イ** 御伽草子が人々に喜ばれ，広まった。

ウ 古今和歌集などの文学作品がつくられた。 **エ** 歌川広重が錦絵で優れた風景画を描いた。

正答率48.0% **14** 右の**資料7**は，応仁の乱が始まった当初の対立関係を示したものである。**資料7**中のP，Qにあてはまる語句の組み合わせとして正しいものを，次の**ア〜エ**から1つ選べ。〈大分県〉

➡P.40●南北朝時代と室町幕府

[ ]

資料7

西軍		東軍
足利義尚 ←	（ P ）のあとつぎ問題	→ 足利義視
↑支持		↑支持
山名持豊 ←	（ Q ）の対立	→ 細川勝元

ア P−天皇 Q−守護大名 **イ** P−天皇 Q−戦国大名

ウ P−将軍 Q−守護大名 **エ** P−将軍 Q−戦国大名

15 右の**資料8**について，次の問いに答えなさい。➡P.40●南北朝時代と室町幕府

(1) **資料8**は戦国大名の朝倉氏が定めた「朝倉孝景条々」を要約したものの一部である。このような，戦国大名が定めた法令を何というか。〈三重県〉 [ ]

(2) 戦国大名がこのような法令をつくった目的は何か。簡潔に答えよ。〈富山県〉

[ ]

資料8

　本拠地である朝倉館のほかには，国内に城を構えてはならない。すべての有力な家臣は，一乗谷に引っ越し，村には代官を置くようにしなさい。

二度の世界大戦と日本

1 第一次世界大戦と大正デモクラシー

■ 第一次世界大戦（1914〜18年）

・ヨーロッパで三国協商（連合国）と三国同盟が対立。

・日本の参戦…**日英同盟**を理由に連合国側で参戦→中国の山東省にあるドイツ租借地を占領。

・**二十一か条の要求**…日本が山東省のドイツの権益の引き継ぎなどを中国に要求。

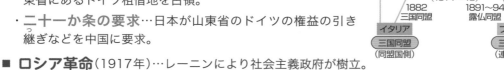
第一次世界大戦直前の国際関係

■ ロシア革命（1917年）…レーニンにより社会主義政府が樹立。

・1922年に**ソビエト社会主義共和国連邦**〔ソ連〕が成立→**五か年計画**を実施。

・**米騒動**…**シベリア出兵**を見こして米が買い占められたことで，米価が上昇。

■ 第一次世界大戦後の世界

・**ベルサイユ条約**…1919年にパリ講和会議で締結。ドイツに多額の賠償金が課せられる。

・**国際連盟**の設立…アメリカ大統領ウィルソンが提唱。**新渡戸稲造**が事務局次長。

・アジアの民族運動…朝鮮で**三・一独立運動**，中国で**五・四運動**，インドで**ガンディー**が抵抗運動。

■ 大正デモクラシー…民主主義が唱えられた風潮→**吉野作造**が**民本主義**を主張。

・**本格的な政党内閣**…陸・海軍，外務以外の大臣は立憲政友会党員である**原敬**内閣が成立。

・1925年に**普通選挙法**が成立し，満25歳以上の男子に選挙権。同時に**治安維持法**が制定。

2 世界恐慌と第二次世界大戦

■ 世界恐慌（1929年）…ニューヨークの株価暴落により，世界的な不況に見舞われる。

■ 満州事変（1931年）…満州を占領し，満州国建国→国際連盟脱退（1933年）。

・軍部の台頭…**五・一五事件**（1932年）で犬養毅首相を暗殺。**二・二六事件**（1936年）で東京中心部を占拠。

よくでる → **世界恐慌への各国の対応**
・アメリカ…**ニューディール**〔新規まき直し〕政策
・イギリス，フランス…**ブロック経済**政策
・ドイツ，イタリア…**ファシズム**の勢力拡大

■ 日中戦争（1937年）…北京郊外で日中両軍が武力衝突→戦争は長期化。

・戦時体制の強化…**国家総動員法**の制定（1938年），政党は**大政翼賛会**に合流（1940年）。

■ 第二次世界大戦…ファシズムの枢軸国と，イギリス・フランスなどの連合国が対立。

・1939年，ドイツがポーランドに侵攻して開戦。

・**日独伊三国同盟**（1940年）…日本・ドイツ・イタリアの関係強化。

・**日ソ中立条約**（1941年）…日本がフランス領インドシナ南部へ進軍→アメリカなどは「**ABCD包囲陣**」。

■ 太平洋戦争（1941年）…日本が真珠湾のアメリカ軍基地などを攻撃。

→文系学生を軍隊に召集する**学徒出陣**，都市の子どもは空襲をのがれるために地方へ**集団疎開**〔学童疎開〕。

・1945年3月から沖縄で地上戦，8月に広島・長崎に**原子爆弾**投下。

・**ポツダム宣言**受諾（1945年）…日本の無条件降伏。

入試問題で実力チェック！

解答解説 別冊 P.18

1 第一次世界大戦について，次の問いに答えなさい。 →P.44●第一次世界大戦

（1） 次の図は，第一次世界大戦直前の国際関係を示している。図中の**a**，**b**にあてはまる国を，右の**地図**中の**ア～カ**から１つずつ選べ。〈和歌山県〉

地図

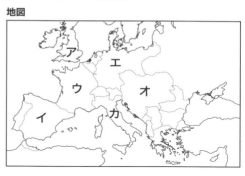

a [   ] b [   ]

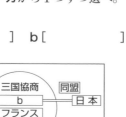

図

（2） 第一次世界大戦に関連して，次の文中の□□□に共通してあてはまる国を，あとの**ア～エ**から１つ選べ。〈長崎県〉 [   ]

　サラエボという都市で，□□□の皇太子夫妻が，セルビアの青年によって暗殺されるという事件が起きた。この事件をきっかけとして□□□がセルビアに宣戦すると，次々と参戦国が増え，世界規模の戦争となった。

ア ロシア　**イ** ドイツ　**ウ** オーストリア　**エ** イギリス

（3） 第一次世界大戦の講和会議で，連合国とドイツとの間で結ばれた条約を何というか。〈茨城県〉 [   ]

2 正答率 72.6%

次の文中の□**X**□・□**Y**□にあてはまる語句の組み合わせとして正しいものを，あとの**ア～エ**から１つ選べ。〈栃木県〉 [   ]

　第一次世界大戦の戦場となった□**X**□からの輸入が途絶えたことにより，日本国内の造船業や鉄鋼業などの□**Y**□工業が成長した。

ア **X**－アメリカ　**Y**－重化学　　**イ** **X**－アメリカ　**Y**－軽
ウ **X**－ヨーロッパ　**Y**－重化学　　**エ** **X**－ヨーロッパ　**Y**－軽

3 正答率 61.0%

右の**資料1**は，第一次世界大戦中に日本が中国に示した要求の一部であり，□□□には国名が入る。この国について述べた文として適切なものを，次の**ア～エ**から１つ選べ。〈福島県〉 →P.44●第一次世界大戦 [   ]

資料1

　中国政府は，□□□が山東省に持っている一切の権利を日本にゆずること。

ア 第一次世界大戦中，英露と三国協商を結んでいた。
イ レーニンの指導で，社会主義政府が生まれた。
ウ 第一次世界大戦の敗戦後，ワイマール憲法が定められた。
エ ガンディーの指導で，非暴力・不服従運動が展開された。

4 第一次世界大戦後，設立間もない国際連盟で，事務局の次長を務めた人物を，次のア～エから１つ選べ。〈新潟県〉 **➡P.44●第一次世界大戦後の世界** [　　　　　　]

ア　陸奥宗光　　イ　福沢諭吉　　ウ　新渡戸稲造　　エ　小村寿太郎

5 右の年表を見て，次の問いに答えなさい。**➡P.44●大正デモクラシー**

(1) 年表中の**A**の時期に，吉野作造が提唱した考えは，大正デモクラシーに影響を与えた。この考えを何というか。〈栃木県〉 [　　　　　　]

年代	できごと
1912	護憲運動が起こる…………
1918	原敬内閣が成立する………… A
1925	治安維持法が成立する……

(2) 右の**資料2**は，年表中の原内閣と前任の寺内正毅内閣を比較したもので，**資料3**は原内閣の成立時の衆議院の政党別議席数を表したものである。原内閣には，どのような特徴があるか。**資料2**と**資料3**から読み取れることにふれて，簡潔に答えよ。〈岩手県〉

資料2

職名	所属	
	寺内内閣	原内閣
内閣総理大臣	陸軍	立憲政友会
外務大臣	官僚	官僚
内務大臣	官僚	立憲政友会
大蔵大臣	官僚	立憲政友会
陸軍大臣	陸軍	陸軍
海軍大臣	海軍	海軍
司法大臣	官僚	立憲政友会
文部大臣	官僚	立憲政友会
農商務大臣	官僚	立憲政友会
逓信大臣	官僚	立憲政友会

資料3

その他 61
立憲国民党 37
憲政会 118
立憲政友会 165
議席数 381

（「議会制度百年史」ほかによる）

[　　　　　　　　　　　　　　　　　　　　]

6 右の**資料4**は，滋賀県の全人口に占める衆議院議員選挙有権者数の割合を示している。1917年と1927年のグラフを比べて，有権者数の割合が増加しているのは，大正デモクラシーの動きの中で新しい法律が制定されたからである。この法律名と，この法律で定められた有権者の資格は何か。それぞれ書け。〈滋賀県〉
➡P.44●大正デモクラシー

法律[　　　　　　]
資格[　　　　　　]

資料4

（単位：％）

60
50
40
30
20
10
0
1917　1927　1937　1947年

（「滋賀県統計全書」ほかによる）

7 市川房枝や平塚らいてうが，女性の政治参加などを求めて1920年に設立した団体を，次のア～エから１つ選べ。〈兵庫県〉 [　　　　　　]

ア　国会期成同盟　　イ　立憲政友会　　ウ　青鞜社　　エ　新婦人協会

8 大正時代の大衆の文化について述べた文のうち，誤っているものを，次のア～エから１つ選べ。〈三重県〉 [　　　　　　]

ア　労働者の生活を描いた，プロレタリア文学が登場した。

イ　ラジオ放送が全国に普及し，新聞と並ぶ情報源になった。

ウ　１冊１円の円本が刊行された。

エ　話し言葉のままで文章を書く，言文一致体が確立された。

よくでる **9** 次の文章を読んで，あとの問いに答えなさい。→P.44●世界恐慌

　1929年にアメリカで始まった世界恐慌は，各国に影響を及ぼした。アメリカでは，公共事業をおこし，失業者に職を与えるなどして，景気の回復に努めた。

(1)　文中の下線部の政策を何というか。〈山梨県〉　　　　　　　[　　　　　　　　]

(2)　世界恐慌に対処するため，イギリスなどが実施した，本国と植民地との間で経済圏をつくり，高い税をかけて外国の商品をしめ出す政策を何というか。〈山口県〉

[　　　　　　　　]

正答率 65.2% **10** 右の**資料5**は，世界恐慌が起きたころの日本，アメリカ，イギリス，ソ連のいずれかの鉱工業生産指数の推移を表している。**資料5**で示した時期に，**資料5**中の**X**国が進めた政策として適切なものを，次の**ア〜エ**から1つ選べ。〈福島県〉

[　　　　　　　　]

資料5

（1929年の生産量を100とした場合の指数）

（明治以降本邦主要経済統計による）

ア　社会主義のもとで五か年計画とよばれる経済政策を進めた。

イ　実権を握った満州国へ移民を送る政策を進めた。

ウ　積極的に経済を調整するニューディール〔新規まき直し〕政策を進めた。

エ　オーストラリアやインドなどの国や地域との間でブロック経済政策を進めた。

11 右の年表を見て，次の問いに答えなさい。→P.44●満州事変〜太平洋戦争

(1)　次の文は，年表中の　**A**　のできごとを説明したものである。この事件名を書け。〈富山県〉

[　　　　　　　　]

年代	できごと
1925	普通選挙法が成立する…………
1932	**A** が起こる
1944	サイパン島が占領される…**B**
1945	日本が **C** 宣言を受諾する…

X

　首相が海軍将校の一団に暗殺され，政党政治は幕を閉じた。

(2)　年表中の**B**について，次の文中の　　　　　にあてはまる語句を書け。〈福井県〉

[　　　　　　　　]

　1944年にサイパン島がアメリカ軍に占領されたことで，ここを基地として日本本土への空襲が激しくなった。これにより，都市部の小学生は空襲をさけるため，学校ごとに地方の農村などへ　　　　　といわれる避難を行った。

よくでる (3)　年表中の　**C**　には，ドイツの，ある都市の名があてはまる。連合国は，この都市で，日本に対して軍隊の無条件降伏や民主主義の復活を求める宣言を発表した。　**C**　にあてはまる都市の名を書け。〈愛媛県〉

[　　　　　　　　]

正答率 15.4% (4)　年表中の**X**の時期に起きた次の**ア〜エ**のできごとを年代の古いものから順に並べかえ，記号で書け。〈栃木県〉　　　　　[　　→　　→　　→　　]

ア　学徒出陣が始まった。　　**イ**　アメリカが対日石油輸出禁止を決定した。

ウ　満州国が建国された。　　**エ**　国家総動員法が制定された。

現代の日本と社会

1 戦後の世界と日本

- **占領下の日本**…GHQ〔連合国軍最高司令官総司令部〕の指令に従い，民主化政策が進められる。

> **よくでる** **戦後の民主化政策**
> ・普通選挙法の改正…満20歳以上の男女に選挙権。
> ・財閥解体…経済の民主化。
> ・農地改革…政府が小作人に農地を安く売り渡す。
> ・日本国憲法の制定…1946年11月3日に公布，1947年5月3日に施行。国民主権，基本的人権の尊重，平和主義を原則とする。
> ・民法の改正，労働基準法，教育基本法の制定。

農地改革による変化

●自作地と小作地の割合

1940年	自作地 54.5%	小作地 45.5%
1950年	89.9%	9.9%

その他0.2%

●自作・小作別農家の割合

1940年	自作 31.1%	自小作 42.1%	小作 26.8%
1950年	61.9%	32.4%	5.1%

その他0.6%

（「完結昭和国勢総覧」ほかによる）

- **冷戦（冷たい戦争）**
  - ・国際連合の設立…安全保障理事会の設置。
  - ・冷戦の始まり…アメリカを中心とする西側陣営とソ連を中心とする東側陣営が直接戦火を交えずに対立。ドイツは東西に分裂。
  - ・朝鮮戦争（1950年）…アメリカが支援する韓国と，ソ連が支援する北朝鮮が対立→日本では好景気に（特需景気）。

冷戦の対立構造

	西側陣営	東側陣営
中心国	アメリカ	ソ連
主義	資本主義	社会主義
軍事同盟	北大西洋条約機構（NATO）	ワルシャワ条約機構

- **戦後日本の国際関係**
  - ・サンフランシスコ平和条約（1951年）…吉田茂内閣がアメリカなど48か国と締結→翌年，日本は独立国としての主権を回復。
  - ・日米安全保障条約（1951年）…アメリカ軍基地が残留。
  - ・日ソ共同宣言（1956年）…ソ連と国交回復→国際連合に加盟。
  - ・沖縄返還（1972年）…佐藤栄作内閣が非核三原則を提唱。

2 高度経済成長と冷戦の終結

- **日本の高度経済成長**…1950年代後半以降，経済が急成長。
  - ・東海道新幹線の開通，東名高速道路の整備。
  - ・東京オリンピック・パラリンピックの開催。
  - ・四大公害病の発生…公害対策基本法の制定。
  - ・石油危機…第四次中東戦争をきっかけに石油価格が高騰→日本の高度経済成長の終結。

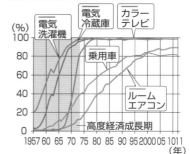

家庭電化製品の普及率の変化

※電気冷蔵庫，電気洗濯機は2005年以降調査されていない。
（消費動向調査による）

- **冷戦後の世界**
  - ・マルタ会談（1989年）…米ソの首脳が冷戦の終結を宣言。
  - ・1990年に東西ドイツ統一→1991年にソ連解体。
  - ・アメリカ同時多発テロ（2001年）…イラク戦争へつながる。
  - ・日本の経済…1980年代後半にバブル経済，2008年に世界金融危機。

四大公害病の発生

新潟水俣病
イタイイタイ病
四日市ぜんそく
水俣病

入試問題で実力チェック！

1 次の文章中の ☐ にあてはまる月日を書け。〈茨城県〉 →P.48●占領下の日本

[　　　　　　　　　]

　1946年 ☐ ，日本国憲法が公布され，その翌年から施行された。これにより日本は，国民主権・基本的人権の尊重・平和主義を三原則として，平和と民主化への道を歩むことになった。

よくでる **2** 次の文章中の ☐ にあてはまる語句を書け。〈栃木県〉 →P.48●占領下の日本 [　　　　　　　　　]

　日本はGHQ〔連合国軍総司令部〕の指令の下，諸改革を行った。戦前多くの企業を経営し，日本経済を支配してきた ☐ の解体が命じられ，日本の民主化が進められた。

よくでる **3** ポツダム宣言を受諾したのちに行われた民主化政策のうち，日本の農村における，地主と小作人との関係をあらためる政策によって，農家の割合は右の**資料1**のように変化した。この政策を何というか。〈新潟県〉

→P.48●占領下の日本

[　　　　　　　　　]

資料1

	自作	自作兼小作	小作
1930年			
1950年			

0　　　　　　50　　　　　100%

（農林水産省統計表による）

思考力 **4** 次の説明文は，1946年に実施された戦後初の衆議院議員総選挙について述べたものである。説明文中の ☐ にあてはまる内容を，選挙資格に着目して，簡潔に答えよ。〈和歌山県〉 →P.48●占領下の日本

[　　　　　　　　　]

　右の**資料2**は，1928年と1946年に実施された衆議院議員総選挙における，全人口に占める有権者の割合を表している。この**資料2**から1946年の有権者の割合が，1928年の2倍以上に増えていることがわかる。それは，1946年の選挙では，選挙権が ☐ からである。

資料2

(%)

60

40

20

0
　1928　1946年

（総務省ホームページによる）

正答率 76.8% **5** 次の文章は，第二次世界大戦後の世界の様子について説明したものである。文章中の **X**・**Y** にあてはまる語句の組み合わせとして正しいものを，あとの**ア～エ**から1つ選べ。〈鳥取県〉

→P.48●冷戦（冷たい戦争）

[　　　　　　　　　]

　国際連合には，安全保障理事会が設けられ，アメリカ，イギリス， **X** ，ソ連，中国が常任理事国となった。しかし，第二次世界大戦後の世界では，アメリカを中心とする資本主義諸国と，ソ連を中心とする社会主義諸国とに分かれて，直接には戦火を交えない **Y** とよばれる対立が起こった。

ア X－フランス　Y－湾岸戦争　　**イ** X－フランス　Y－冷たい戦争
ウ X－ドイツ　　Y－湾岸戦争　　**エ** X－ドイツ　　Y－冷たい戦争

6 国際連合について述べた文として正しいものを，次の**ア〜エ**から１つ選べ。〈徳島県〉

[　　　　　　　]

ア　パリ講和会議で設立が決まり，スイスのジュネーブに本部を置いた。
イ　安全保障理事会の常任理事国には，拒否権が与えられている。
ウ　アメリカは議会の反対で参加せず，ソビエト連邦の加盟も遅れた。
エ　侵略を行った国に対して，軍事的な制裁措置をとることができない。

7 右の写真を見て，次の問いに答えなさい。→P.48●戦後日本の国際関係

よく
でる

(1)　右の写真は，第二次世界大戦後，日本の代表が独立を回復するため，平和条約に調印しているところである。この条約名を書け。〈鹿児島県〉

[　　　　　　　　　　　　]

正答率
63.8%

(2)　(1)の条約と同時に，わが国はアメリカとある条約を結び，この条約によって国内にアメリカの軍事基地が残ることになった。このアメリカと結んだ条約を何というか。〈高知県〉

[　　　　　　　　　　　　　　　　]

8 右の年表を見て，次の問いに答えなさい。

正答率
25.7%

(1)　年表中の**X**の時期に起きた，日米安全保障条約の改定に対する激しい反対運動を何というか。〈栃木県〉

[　　　　　　　　　]

年代	できごと
1947	日本国憲法が施行される………………
	X
1964	東京オリンピックが開催される……A
1972	上野動物園にパンダが来る…………B

(2)　年表中の**A**のころのできごとを，次の**ア〜エ**から１つ選べ。〈岐阜県・改〉

[　　　　　　　　　]

ア　ポツダム宣言受諾　　　イ　関東大震災
ウ　ベルリンの壁の崩壊　　エ　東海道新幹線の開通

思考力

(3)　年表中の**B**の背景となった1972年のできごとを**ア〜エ**から，当時の世界の様子を**Ⅰ〜Ⅳ**からそれぞれ１つずつ選べ。〈富山県〉

できごと[　　　　　　　]　世界の様子[　　　　　　　]

できごと

ア　下関条約	イ　サンフランシスコ平和条約
ウ　日ソ共同宣言	エ　日中共同声明

世界の様子

Ⅰ　ベトナム戦争について，世界各地で反戦運動が高まっていた。
Ⅱ　朝鮮戦争において，アメリカ合衆国中心の国連軍が韓国を，中国の義勇軍が北朝鮮を支援していた。
Ⅲ　アメリカ合衆国が，同時多発テロを理由にアフガニスタンを攻撃していた。
Ⅳ　インドでは，イギリスの支配に不満を持つ人々が立ち上がりインド大反乱を起こしていた。

9 右の**資料３**中のＡ〜Ｅはそれぞれ，乗用車，白黒テレビ，電気冷蔵庫，カラーテレビ，電気洗濯機のいずれかで，数値は1972年とその前後10年における普及率を示している。このうち乗用車および白黒テレビを，Ａ〜Ｅから１つずつ選べ。〈富山県〉 ➡P.48●日本の高度経済成長

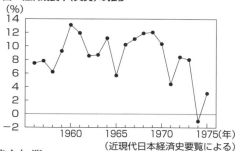

資料３　　　　　　　　　　　　　　　　（%）

年	A	B	C	D	E
1962	28.0	79.4	5.1	－	58.1
1972	91.6	75.1	30.1	61.1	96.1
1982	99.5	17.4	62.0	98.9	99.3

（内閣府資料による）

乗用車[　　　　　　　]　白黒テレビ[　　　　　　　]

10 右の**図**は，高度経済成長期の経済成長率の推移を示している。これを見て，次の問いに答えなさい。〈鹿児島県〉

正答率 **19.5%**

（1）高度経済成長期に起こったできごとを，次の**ア〜エ**から３つ選び，年代の古いものから順に，記号で書け。
➡P.48●戦後日本の国際関係

[　　　→　　　→　　　]

図　経済成長率（実質）の推移

（近現代日本経済史要覧による）

ア 沖縄の日本復帰　　**イ** 日本の国際連合加盟
ウ 日ソ中立条約の締結　　**エ** 日韓基本条約の締結

思考力

正答率 **39.7%**

（2）**図**において，ある年の経済成長率が０％を下回っている。そのおもな理由を，きっかけとなった戦争と，資源の名称を明らかにして，簡潔に答えよ。➡P.48●日本の高度経済成長

[　　　　　　　　　　　　　　　　　　　　　　　　　]

11 1955年に開かれた[　　　]会議は，インドネシアに29か国の代表が集まり，植民地主義に反対し，世界の平和を守ることなどを決めた会議である。[　　　]にあてはまる会議名を書け。
〈高知県〉

[　　　　　　　　　　　]

正答率 **35.9%**

12 次の文章中の[　X　]・[　Y　]にあてはまる語句の組み合わせとして正しいものを，あとの**ア〜エ**から１つ選べ。〈栃木県〉 ➡P.48●戦後日本の国際関係　　[　　　　　　]

[　X　]内閣は，アメリカと交渉をすすめ，1972年に[　Y　]を実現させた。このことを記念して，1975年に国際海洋博覧会が開催された。

ア Ｘ－佐藤栄作　　Ｙ－日中国交正常化　　**イ** Ｘ－吉田茂　　Ｙ－日中国交正常化
ウ Ｘ－佐藤栄作　　Ｙ－沖縄の日本復帰　　**エ** Ｘ－吉田茂　　Ｙ－沖縄の日本復帰

ハイレベル

13 右の**年表**は，第二次世界大戦後のヨーロッパの情勢についてまとめたものである。第二次世界大戦後の国際情勢は1980年代以降どのように変化したか，**年表**を参考に，アメリカとソ連との関係の変化にふれて，簡潔に答えよ。
〈栃木県〉 ➡P.48●冷戦後の世界

年表

西暦年	おもなできごと
一九四九	北大西洋条約機構が成立する
一九五五	ワルシャワ条約機構が成立する
一九六一	ドイツが東西に分断される・ベルリンの壁ができる
一九八九	東欧の民主化が始まる・ベルリンの壁が崩壊する
一九九〇	ドイツが統一される
一九九一	ソ連が解体する

[　　　　　　　　　　　　　　　　　　　　　　　　　]

1 織田信長・豊臣秀吉の天下統一事業

新航路の開拓

■ **ヨーロッパ世界の発展**

- ・ルネサンス…14〜16世紀，文芸復興の動きが広まる。
- ・宗教改革…ドイツの**ルター**が，ローマ教皇を批判→カトリックとプロテスタントが対立。

■ **ヨーロッパ人との出会い**

- ・鉄砲の伝来(1543年)…**種子島**にポルトガル人が漂着。
- ・キリスト教の伝来(1549年)…イエズス会の**フランシスコ・ザビエル**が鹿児島に来日。
- ・南蛮貿易…ポルトガル人やスペイン人と貿易。生糸，絹織物，鉄砲などを輸入，銀を輸出。

■ **織田信長の統一事業**…安土城を拠点に，天下統一を目指す。

- ・楽市・楽座…安土城下で市での税を免除，座を廃止→商工業を活発化。各地の関所も廃止。
- ・室町幕府の滅亡…15代将軍足利義昭を京都から追い出す。
- ・長篠の戦い(1575年)…鉄砲を有効に使って，武田氏を破る。

■ **豊臣秀吉の統一事業**…織田信長の死後，後継者争いに勝利し，1590年に天下統一を成し遂げる。

よくでる
- ・太閤検地…全国の田畑の広さや土地のよしあしを調査。ものさしやますを統一。
- ・刀狩…武力による一揆を防ぐため，農民や寺社から武器を取り上げる。
  →武士と農民の区別が明確になる**兵農分離**が進む。

- ・朝鮮出兵…明の征服を目指して二度に渡って朝鮮へ出兵→秀吉が病死したことで撤兵。

■ **桃山文化**…大名や豪商の権力や富を背景にした豪華な印象を与える文化。

- ・建築…大阪城，姫路城などの天守を持つ城。**狩野永徳**の「唐獅子図屏風」など。
- ・芸能…**千利休**が茶の湯を完成。**出雲の阿国**のかぶき踊り。

ミス注意 親藩は徳川家の一族，譜代大名は古くからの徳川家の家臣，外様大名は関ケ原の戦いのころからの家臣。

2 江戸幕府の成立

■ **江戸幕府の成立**

- ・関ケ原の戦い(1600年)…**徳川家康**が勝利し，江戸幕府を開く。
- ・幕藩体制…幕府と藩によって，全国の土地と人民の支配。
- ・大名の配置…**親藩・譜代大名・外様大名**に区別。
- ・武家諸法度…大名を統制。**徳川家光**が参勤交代を制度化。
- ・農民の統制…**五人組**で年貢の納入や犯罪の防止に連帯責任。

■ **江戸幕府の対外政策**

- ・朱印船貿易…朱印状を与えられた商人たちが東南アジアで貿易→多くの日本人が移住し，東南アジア各地に**日本町**が形成。
- ・鎖国体制…キリスト教徒の広がりをおそれて，幕府が外交を**独占**。四つの窓口での交易が続く。

鎖国下の四つの窓口

対馬…対馬藩を通じて朝鮮と

松前…松前藩を通じて蝦夷地のアイヌと

長崎…幕府の直轄地でオランダ・中国と

薩摩…薩摩藩を通じて琉球と

1 右の年表を見て，次の問いに答えなさい。➡P.52●ヨーロッパ世界の発展／ヨーロッパ人との出会い

(1) 年表中の　A　・　B　にあてはまる語句の組み合わせとして正しいものを，次の**ア〜エ**から1つ選べ。〈福島県〉　　　　［　　　　　］

ア　A−スペイン　　　B−イギリス
イ　A−スペイン　　　B−ポルトガル
ウ　A−オランダ　　　B−イギリス
エ　A−オランダ　　　B−ポルトガル

年代	できごと
1492	A の援助を受けたコロンブスが大西洋を横断する
1498	B のバスコ・ダ・ガマが喜望峰をまわってインドに到達する
	X
1549	日本にキリスト教が伝わる……Y

よくでる
(2) 次の文は，年表中の**X**の時期のできごとについて述べたものである。文中の島にあてはまるものを，右の地図中の**ア〜エ**から1つ選べ。〈静岡県〉　　　　　［　　　　　］

> この島に漂着した船に乗っていたポルトガル人によって，日本に初めて鉄砲が伝えられた。

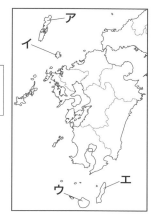

正答率 70.7%
(3) 年表中の**Y**について，次の文は，当時のヨーロッパのキリスト教に関するできごとについて述べたものである。文中の　C　・　D　にあてはまる語句の組み合わせとして正しいものを，あとの**ア〜エ**から1つ選べ。〈福島県〉　　　　［　　　　　］

> ・ルターは，教皇がしょくゆう状（免罪符）を売り出したことを批判し，　C　ではなく聖書が信仰のよりどころであると主張して，宗教改革を始めた。
> ・　C　でも改革が進められ，その中心になった　D　は，ザビエルなどの宣教師を派遣して海外布教に力を入れた。

ア　C−カトリック教会　　D−イエズス会　　イ　C−カトリック教会　　D−十字軍
ウ　C−プロテスタント　　D−イエズス会　　エ　C−プロテスタント　　D−十字軍

よくでる
正答率 44.4%
2 Hさんは，スペインとポルトガルの世界進出について調べ，コロンブス，バスコ・ダ・ガマ，マゼランの船隊の航路と，16世紀ごろのスペイン，ポルトガルの植民地を模式的に示した右の地図をつくった。地図中の**A〜C**は航路を，地図中の**a，b**は植民地を示している。バスコ・ダ・ガマの航路とポルトガルの植民地にあたるものの組み合わせとして正しいものを，次の**ア〜カ**から1つ選べ。〈埼玉県〉

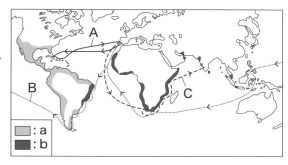

➡P.52●ヨーロッパ世界の発展　　　　　　　　　　　　　　　　　　　　［　　　　　］

ア　航路−A　植民地−a　　イ　航路−B　植民地−a　　ウ　航路−C　植民地−a
エ　航路−A　植民地−b　　オ　航路−B　植民地−b　　カ　航路−C　植民地−b

思考力

正答率 25.2%

3 日本にキリスト教を伝えたイエズス会が，アジアなどに宣教師を送り，布教活動に力を入れた目的について，「**宗教改革**」，「**カトリック教会**」ということばを用いて，簡潔に答えよ。

〈栃木県〉

[　　]

4 織田信長が行った政策について述べた文として正しいものを，次の**ア〜エ**から１つ選べ。

〈山口県〉　➡P.52●織田信長の統一事業　　　　　　　　　　　　　　　[　　]

ア 欧米の文化を取り入れ，道路沿いにガス灯やれんが造りの建物を建築した。

イ 各地の特産物や布を納める調・庸を，人々が自分で都まで運ぶことを定めた。

ウ 米などを運ぶため，西廻り航路や東廻り航路などの海上交通網を整備した。

エ 流通のさまたげになっていた各地の関所を廃止し，交通の便を図った。

5 右の**資料１**は，織田信長が深く関わった戦いを描いたものである。資料はどのような戦いを描いたものであるか，**勝敗を大きく分けたヨーロッパから伝えられた武器，戦いの名称**を含めて次の文中の◻︎◻︎◻︎にあてはまる形で，簡潔に答えよ。〈茨城県〉　➡P.52●織田信長の統一事業

資料１

資料１は，◻︎◻︎◻︎◻︎◻︎◻︎を描いたものである。

[　　]

6 次の問いに答えなさい。➡P.52●豊臣秀吉の統一事業

資料２

> 諸国の百姓が，刀，わきざし，弓，やり，鉄砲，そのほかの武具などを持つことは，かたく禁止する。（部分要約）

正答率 84.0%

(1) 右の**資料２**は，豊臣秀吉が出したある法令の一部を要約したものである。これにより行われた，兵農分離を進めるための政策の名を書け。〈岐阜県〉　[　　　　　　　　]

正答率 72.0%

(2) 豊臣秀吉について，次の文章中の◻︎**X**◻︎・◻︎**Y**◻︎にあてはまる語句の組み合わせとして正しいものを，あとの**ア〜エ**から１つ選べ。〈岐阜県〉　　　　　[　　]

> 豊臣秀吉は太閤検地を行い，◻︎**X**◻︎という統一的な基準で全国の土地の収穫高を表した。また，◻︎**Y**◻︎の征服を目指して，大軍を朝鮮に派遣した。

ア X－地価　　Y－明　　　　**イ** X－地価　　Y－元

ウ X－石高　　Y－明　　　　**エ** X－石高　　Y－元

正答率 59.3%

(3) 豊臣秀吉が実施したキリスト教に関する政策を，次の**ア〜エ**から１つ選べ。〈栃木県〉

ア 天正遣欧少年使節（天正遣欧使節）をローマ教皇のもとへ派遣した。　[　　]

イ キリスト教徒を発見するために，絵踏を実施した。

ウ 外国船を追い払い，日本に近づかせないようにした。

エ 宣教師（バテレン）の海外追放を命じた。

正答率 78.5%

7 堺の商人で，わび茶を完成させた人物の名前を書け。〈大分県〉　➡P.52●桃山文化

[　　]

8 桃山文化について述べているものを，次の**ア～エ**から１つ選べ。〈栃木県〉 →P.52●桃山文化

[　　　　]

ア 天守閣のある壮大な城がつくられ，大名や商人の間では茶の湯がさかんになった。
イ 京都の北山には，武家文化と公家文化が融合された金閣が建てられた。
ウ 上方では庶民中心の新しい文化が生まれ，井原西鶴は浮世草子で町人の生活を描いた。
エ 鴨長明の『方丈記』など，社会や人生を深く見つめる随筆が著された。

正答率 67.2%
9 出雲の阿国について述べた次の文章中の　　　　にあてはまるものとして適切なものを，あとの**ア～エ**から１つ選べ。〈福島県〉 →P.52●桃山文化 [　　　　]

安土桃山時代から江戸時代の初めにかけて芸能の分野で活躍した。京都で始めた　　　　が，この世を楽しむ風潮の強かった当時の庶民の人気を集めた。

ア 浄瑠璃 　**イ** 狂言 　**ウ** 連歌 　**エ** かぶき踊り

正答率 50.7%
10 江戸幕府の政治について，次の問いに答えなさい。→P.52●江戸幕府の成立

(1) 徳川家康は，大名や商人の海外への渡航を許可し，おもに東南アジア諸国と貿易を行うことを奨励した。この貿易を何というか。〈栃木県〉 [　　　　]

よくでる
(2) 右の**図1**は，３代将軍のころまでに整備された江戸幕府のしくみである。江戸幕府の財政や天領の監督を担当した役職を何というか。**図1**中の①～④から１つ選べ。〈茨城県〉

図1

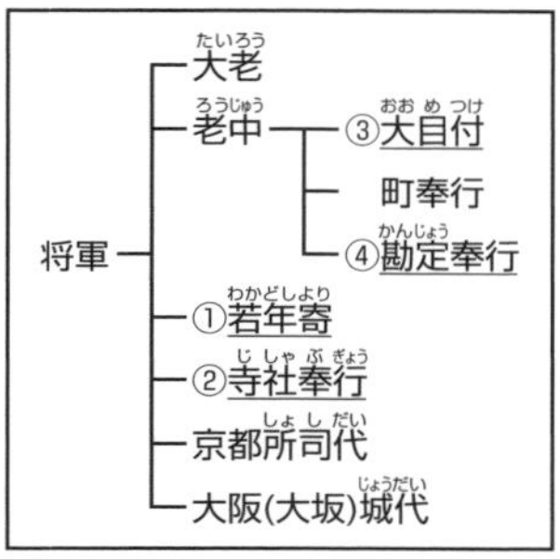

将軍
─ 大老
─ 老中 ─ ③大目付
　　　　 ─ 町奉行
　　　　 ─ ④勘定奉行
─ ①若年寄
─ ②寺社奉行
─ 京都所司代
─ 大阪(大坂)城代

[　　　　]

(3) 江戸時代の大名について述べているものを，次の**ア～ウ**から１つ選べ。〈茨城県〉 [　　　　]

ア 重要な役職には守護大名が任じられ，幕府の政治を行ったが，しだいに守護大名の連合政権のようになった。
イ 一族の中心である惣領の権力は強かったが，領地などの財産は分割相続によって惣領以外の男子や女子にも与えられた。
ウ 武家諸法度が制定され，大名が許可なく城を修理することなどが禁じられ，これに違反した大名は，厳しく処分された。

思考力
(4) オランダは，鎖国下の日本で貿易を許された唯一のヨーロッパの国であった。オランダが日本との貿易を許された理由を，宗教に着目して，簡潔に答えよ。〈和歌山県〉

[　　　　　　　　　　　　　　　　　　　　　　　　　　]

ハイレベル
正答率 77.9%
(5) 次の文章の　X　，　Y　に適することばを補い，これを完成させよ。ただし，右の**図2**を参考にして書くこと。〈鹿児島県〉

図2　加賀藩の支出の内訳

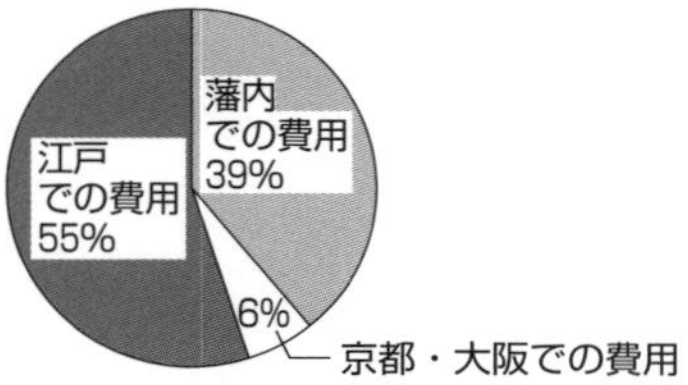

江戸での費用 55%
藩内での費用 39%
6%
京都・大阪での費用
（「加賀藩社会経済史の研究」による）

大名が１年おきに自分の領地を離れて江戸に滞在することを義務づけられた制度を　X　という。江戸での滞在には　Y　ので，大名にとっては大きな負担となった。

X [　　　　]

Y [　　　　　　　　　　　　　　　]

近世の日本②（江戸時代中期〜後期）

出題率 **64.6%**

1 産業と交通の発達

■ 農業の発展

・農業生産力の向上…年貢を増やすため，幕府や藩が**新田開発**。農具の改良，いわしを原料とする干鰯の使用。

・**商品作物**…木綿や菜種などの栽培→貨幣経済の広がり。

新しい農具

▲千歯こき　▲備中ぐわ

■ 都市の発展

・都市の繁栄…江戸，大阪，京都の**三都**に人口が集中。

ミス注意 江戸は「将軍のおひざもと」，大阪は「天下の台所」とよばれていた。

・**株仲間**…商人が同業者組合を結成し，営業を独占。

・**蔵屋敷**…諸藩が年貢米や特産物を売るために大阪などに設ける。

・交通の整備…陸路は**五街道**，海運は**西廻り航路・東廻り航路**。

江戸時代のおもな交通網

2 江戸幕府の政治改革

■ 江戸幕府の政治改革…幕府の財政の立て直しを図る。

・5代将軍**徳川綱吉**の政治…生類憐みの令，朱子学の奨励。

よくでる
・**享保の改革**…8代将軍**徳川吉宗**の改革。**公事方御定書**の制定。目安箱の設置。上げ米の制。
・**田沼意次**の政治…商工業の発展を重視し，株仲間の結成を奨励。銅の専売制を実施。
・**寛政の改革**…老中**松平定信**の改革。昌平坂学問所の設置，旗本や御家人の借金を帳消し。
・**天保の改革**…老中**水野忠邦**の改革。株仲間の解散。出版の取り締まり，江戸への出稼ぎを禁止。

■ 社会の変化

・工業の発達…18世紀から**問屋制家内工業**→19世紀には**工場制手工業〔マニュファクチュア〕**。

・貨幣経済の広がり…貧富の差が拡大し，農村で**百姓一揆**，都市では**打ちこわし**が発生。

・欧米の接近…1825年に**異国船〔外国船〕打払令**を出し，日本に近づく外国船の撃退を命じる→アヘン戦争で清が敗北したことを知り緩和。

3 江戸時代の文化

■ 町人文化の発展

・**元禄文化**…17世紀後半〜18世紀初めに大阪・京都を中心に栄える。

・**化政文化**…19世紀初めに江戸を中心に栄える。

■ 学問の発展

・**国学**…**本居宣長**が『**古事記伝**』を著す。

・**蘭学**…杉田玄白らが『**解体新書**』を著す。**伊能忠敬**が日本地図を作成。

・教育の広がり…寺子屋で「読み・書き・そろばん」，各地に藩校や私塾が開設。

よくでる 元禄文化と化政文化

	元禄文化	化政文化
文学	井原西鶴 松尾芭蕉 近松門左衛門	十返舎一九 小林一茶 狂歌・川柳
絵画	尾形光琳 菱川師宣 （浮世絵の登場）	喜多川歌麿 葛飾北斎 歌川（安藤）広重 （浮世絵の流行）
芸能	人形浄瑠璃，歌舞伎	

正答率 36.1% **1** 江戸時代の産業について，正しく説明しているものを，次の**ア〜エ**から１つ選べ。

〈滋賀県〉 ➡P.56●農業の発展 [　　　　]

ア 稲の収穫に石包丁などの道具が使われ始めた。

イ 紡績，製糸などの軽工業を中心に産業革命の時代をむかえた。

ウ 牛馬を使った耕作や同じ田畑で交互に米と麦をつくる二毛作が始まった。

エ いわしは肥料に加工され，近畿地方などの綿の生産地に売られた。

よくでる **2** 江戸時代に，諸藩は年貢米や特産物を保管したり取り引きしたりするための施設を大阪など
に設けた。この施設は何とよばれるか。〈大阪府〉 ➡P.56●都市の発展

[　　　　]

正答率 38.7% **3** 18世紀になると，問屋から原料や道具などを借りて家内で商品作りを行う問屋制家内工業が
始まった。19世紀には作業場に道具や農村からきた働き手を集め，製品を分業で大量に仕上
げる生産のしくみが生まれた。このしくみのことを何というか。〈滋賀県〉

➡P.56●社会の変化 [　　　　]

4 右の**グラフ**は，1601年，1695年，1714年に発行
されたそれぞれの金貨に含まれる金の割合を示し
たものである。**グラフ**について述べた次の文章中
の P ， Q にあてはまる語句の組み合わせ
として正しいものを，あとの**ア〜エ**から１つ選べ。

〈長崎県〉

[　　　　]

グラフ

1601年に発行された金貨	87.5%
1695年に発行された金貨	56.4%
1714年に発行された金貨	85.7%

金 ／ その他

（「新修近世賃金物価史史料」による）

　江戸幕府は，1601年に発行された金貨に比べ，1695年に発行された金貨に含まれる金の
割合を P ことで，発行する枚数を増やして幕府の財政を立て直そうとした。しかし，
金貨が大量に発行されたことで物価が Q ため，1714年に新たに金貨を発行し，金貨の
質をもとに戻して物価の安定を図った。

ア P−増やす Q−上がった 　　**イ** P−増やす Q−下がった

ウ P−減らす Q−上がった 　　**エ** P−減らす Q−下がった

正答率 42.8% **5** 生類憐みの令を出した人物が行った政策について，正しく述べているものを，次の**ア〜エ**か
ら１つ選べ。〈栃木県〉 ➡P.56●江戸幕府の政治改革 [　　　　]

ア 裁判の基準となる公事方御定書を制定するとともに，庶民の意見を聞く目安箱を設置した。

イ 参勤交代の制度を定め，１年おきに領地と江戸を大名に往復させることとした。

ウ 倹約令を出すとともに，旗本や御家人の生活難を救うため，借金を帳消しにした。

エ 朱子学を重視し，武力にかわり学問や礼節を重んじる政治への転換を図った。

よくでる **6** 享保の改革を行った，江戸幕府の８代将軍はだれか。人物名を書け。〈静岡県〉

➡P.56●江戸幕府の政治改革 [　　　　]

正答率 61.6%

7 はなさんは，江戸時代に活躍した人物の政策やその時代のできごとについて【メモ】を作成した。この【メモ】に関係の深い人物として最も適切なものを，あとのア〜エから１つ選べ。

〈佐賀県〉 →P.56●江戸幕府の政治改革 [　　　　　]

【メモ】
・株仲間をつくることを奨励し，税収を増やそうとした。
・干拓工事を始め，蝦夷地の開拓にのりだした。
・天明のききんが起こり，百姓一揆や打ちこわしが急増した。

ア　徳川綱吉　　イ　田沼意次　　ウ　水野忠邦　　エ　井伊直弼

8 ①徳川吉宗の改革，②松平定信の改革について，その説明として最も適切なものを，次のア〜エからそれぞれ１つずつ選べ。〈富山県〉 →P.56●江戸幕府の政治改革

①[　　　　　]　②[　　　　　]

ア　幕府の学校で朱子学以外の儒学を禁止した。
イ　長崎から銅や俵物とよばれる海産物をさかんに輸出した。
ウ　日本人の海外渡航と海外からの帰国を禁止した。
エ　それまでの法を整理し，裁判や刑の基準を定めた公事方御定書を制定した。

9 右の資料１を見て，次の問いに答えなさい。→P.56●江戸幕府の政治改革

(1)　資料１中のＡ〜Ｃの幕府政治の改革に共通する政策を，次のア〜エから１つ選べ。〈大分県〉

[　　　　　]

ア　武士に対して質素倹約を奨励した。
イ　江戸に出ている農民を郷里に帰した。
ウ　蝦夷地の沿岸や江戸湾を警備させた。
エ　株仲間を公認し，営業税を徴収した。

資料１　幕府政治の改革と百姓一揆発生件数

【ことがら】
年代
1681〜1690
1691〜1700
1701〜1710
Ａ享保の改革（1716〜45）
1711〜1720
1721〜1730
1731〜1740
1741〜1750
1751〜1760
1761〜1770
1771〜1780
Ｂ寛政の改革（1787〜93）
1781〜1790 ←Ｄ
1791〜1800
1801〜1810
1811〜1820
1821〜1830
1831〜1840
Ｃ天保の改革（1841〜43）
1841〜1850
1851〜1860

【百姓一揆発生件数】
0　100　200　300　400 件数

（「百姓一揆総合年表」による）

(2)　資料１中のＤの期間に起こったことがらを，次のア〜エから１つ選べ。〈大分県〉

[　　　　　]

ア　刀狩　　イ　天明のききん　　ウ　大塩平八郎の乱　　エ　尊王攘夷運動

10 次の文章中の￣￣￣にあてはまる法令の名を書け。〈岐阜県〉 →P.56●社会の変化

よくでる
正答率77.0%

[　　　　　]

19世紀になると，外国の船が日本に近づいてくるようになり，1825年，幕府は￣￣￣を出した。しかし，アヘン戦争で清がイギリスに敗れたことを知ると，幕府は￣￣￣をやめ，日本に寄港した外国船に燃料のまきや水を与えるよう命じる一方で，軍事力の強化を目指した。

11 江戸時代後半に，江戸幕府にラクスマンやレザノフを使節として派遣し，日本との通商を求めた国を，次のア〜エから１つ選べ。〈岐阜県〉 [　　　　　]

正答率51.0%

ア　ロシア　　イ　フランス　　ウ　イギリス　　エ　アメリカ

思考力 **12** 次の文章中の_____に適当な言葉を入れて文章を完成させよ。ただし、_____には、「幕府」「外国船」の2つの言葉を含めること。〈愛媛県〉

[   ]

モリソン号事件が起こると、高野長英と渡辺崋山は、_____ことを批判する書物を書いた。このため、彼らは幕府からきびしい処罰を受けた。

正答率 **14.7%** **13** 江戸時代の文化や学問について、次の問いに答えなさい。➡P.56●町人文化の発展／学問の発展

(1) 19世紀の初めを中心に発展した化政文化について述べた文として適切なものを、次のア〜エから2つ選べ。〈山梨県〉　　　[   ] [   ]

ア　葛飾北斎が、『富嶽三十六景』などの風景画を描いた。
イ　松尾芭蕉が、俳諧を独自の文学に成長させ、『奥の細道』を書いた。
ウ　近松門左衛門が、人形浄瑠璃や歌舞伎の脚本を書いた。
エ　十返舎一九が、旅の道中をこっけいに描いた『東海道中膝栗毛』を書いた。

よくでる **正答率** **45.0%** (2) 次の_____にあてはまる文化の名前を書け。〈岐阜県・改〉　　[文化]

大阪や京都を中心とする上方では、都市の繁栄を背景に、経済力を持った町人を担い手とする文化が栄えた。井原西鶴は、武士や町人の生活をもとに浮世草子を書き、庶民の共感をよんだ。この文化を、この時期の年号から_____文化という。

(3) 西洋の測量術を学び、江戸幕府の命を受け、初めて全国各地の沿岸を実測して地図を作成したのはだれか。〈北海道〉　　[   ]

資料2

ハイレベル **思考力** (4) 次の文は、江戸時代に制作された右の**資料2**についての会話の一部である。文中の P にあてはまる内容を、簡潔に答えよ。また、Q にあてはまる人名を書け。〈長崎県〉

P[   ]

Q[   ]

かすみ：**資料2**は『解体新書』の扉絵だね。『解体新書』はオランダ語で書かれた医学書を翻訳したものだよ。
まさお：オランダ語で西洋の学問や文化を学ぶことを蘭学といったけど、当時、なぜオランダ語で学んだのだろうか。
かすみ：それは江戸幕府が P からだよ。
まさお：なるほど。19世紀には長崎のオランダ商館の医者である Q が医学塾を開いたようだね。
かすみ：鳴滝塾だね。人々が医学を学ぶために長崎に集まってきたよ。

よくでる (5) 次の文中の X ・ Y にあてはまる語句の組み合わせとして正しいものを、あとのア〜エから1つ選べ。〈大分県〉　　[   ]

本居宣長は、 X を研究して、日本人らしい考え方を調べ、 Y を発展させた。

ア　X−古事記　　Y−儒学　　　イ　X−古事記　　Y−国学
ウ　X−日本書紀　Y−儒学　　　エ　X−日本書紀　Y−蘭学

文明のおこりと日本の成り立ち

出題率 **34.0%**

1 文明のおこり

- **人類の進化**…猿人→原人→新人と進化。
- **古代文明**…紀元前3000年ごろ大河のほとりで発生。
  - ・**エジプト文明**…太陽暦，象形文字，ピラミッド。
  - ・**メソポタミア文明**…くさび形文字，60進法。
  - ・**インダス文明**…モヘンジョ・ダロの都市遺跡。
  - ・**中国文明**…殷で青銅器や**甲骨文字**の使用。
- **中国の統一**
  - ・**秦**…紀元前221年に始皇帝が統一。**万里の長城**を築く。
  - ・**漢**…紀元前2世紀に**シルクロード**〔絹の道〕を開く。

よくでる 古代文明のおこり

2 日本の成り立ち

- **旧石器時代**…ナウマンゾウやマンモスを追って大陸から人々が移住→**打製石器**を用いて狩り・漁・採集の生活。
- **縄文時代**…約1万年前〜紀元前4世紀。
  - ・日本列島の形成…狩りや採集中心の生活。
  - ・**縄文土器**の使用…食べ物の煮炊きが可能になる。
  - ・**たて穴住居**…食料を得やすい場所に定住→食べ物の残りかすは**貝塚**に捨てる。
  - ・**土偶**…安産や豊かな実りを祈るためにつくられた縄文時代の土製の人形。
- **弥生時代**…紀元前4世紀〜紀元3世紀。
  - ・**稲作の広がり**…稲を刈り取るために**石包丁**の使用。収穫した稲は**高床倉庫**に保管。
  - ・青銅器の使用…祭りの道具として用いられる。
  - ・弥生土器の使用…高温で焼かれた薄手で赤褐色の土器。

日本の古代遺跡の位置

旧石器時代
岩宿遺跡
（打製石器の発見地）

縄文時代
三内丸山遺跡
（大集落遺跡）

弥生時代
吉野ヶ里遺跡
（環濠集落）

縄文時代
大森貝塚
（貝塚の発見地）

古墳時代
大仙古墳
（前方後円墳）

弥生時代
登呂遺跡
（農耕遺跡）

ミス注意 縄文土器は，低温で焼かれたため厚手で黒褐色をした土器。弥生土器とまちがえないようにしよう。

よくでる **小国の分立**…小さな国々が現れ，争いが発生。
- ・**奴国の王**…1世紀に後漢に使いを送り，皇帝から「漢委奴国王」と刻まれた**金印**を授けられる。
- ・**邪馬台国**…3世紀に女王卑弥呼が魏に使いを送り，「親魏倭王」の称号や金印，銅鏡を授けられる。

- **古墳時代**…3世紀後半〜6世紀末。
  - ・**大和政権**〔ヤマト王権〕の成立…**大王**を中心とした豪族らの連合政権。
  - ・古墳の広がり…王や有力な豪族の墓。古墳の頂上や周りに**埴輪**が置かれる。

ミス注意 縄文時代につくられた土偶と埴輪をまちがえないようにしよう。

- ・**渡来人**…朝鮮半島から日本に移り住んだ人々→漢字や儒学，**須恵器**を伝える。
- ・**仏教の伝来**…6世紀半ばに百済から伝わる。

1 古代文明について，次の問いに答えなさい。→P.60●古代文明

（1） 右の**資料1**は，ハンムラビ法典碑の一部である。この石碑に刻まれ
ている，メソポタミア文明で発達した文字を何というか。〈和歌山県〉

[　　　　　　　　　]

（2） メソポタミア文明は，エジプト文明，インダス文明，中国文明とと
もに四大文明とよばれている。これらの文明に共通する特徴として適
切なものを，次の**ア**〜**エ**から1つ選べ。
〈和歌山県〉　　　　　　　　　　　　　　　[　　　　　　　　　]

ア 大河の流域で成立した。　　**イ** イスラム教を信仰した。
ウ 東アジアで成立した。　　　**エ** 太陽暦がおもに用いられた。

**よく
でる**
（3） 右の**資料2**は，黄河の流域で，紀元前1600年ごろ使われた象形文
字である。亀の甲羅などにほられ，漢字のもとになったこの象形文
字を何というか。〈三重県〉　　　　　　　[　　　　　　　　　]

資料1

資料2

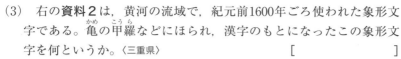

（魚）

（雨）

2 次の写真と地図をみて，次の問いに答えなさい。→P.60●古代文明

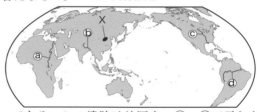

**よく
でる**
（1） 写真は，古代文明の遺跡の1つである。この遺跡は地図中の@〜@で示した河川のう
ち，どの河川の流域にあるか。1つ選べ。

〈三重県〉　　　　　　　　　　　　　　　　　　　　　[　　　　　　　　　]

（2） 紀元前1600〜1500年ごろから，地図中の**X**で示した地域で栄えた文明について説明し
た文として最も適切なものを，次の**ア**〜**エ**から1つ選べ。〈山梨県〉　[　　　　　　　　　]

ア 計画的に建設された市街には，下水道などの公共施設が整備されていた。
イ 黄河流域に青銅器文化を持つ国がおこり，政治や祭りには占いが用いられた。
ウ イスラム教にもとづいて国がつくられ，その教えは北アフリカまで広まった。
エ 種まきや刈り取りの時期を予知するために，太陽暦がつくられた。

**正答率
39.3%** **3** 紀元前に王や皇帝によって統治されていた国家として適当でないものを，次の**ア**〜**エ**から1
つ選べ。〈大分県〉　　　　　　　　　　　　　　　　　　　[　　　　　　　　　]

ア 紀元前3000年ごろのエジプト　　**イ** 紀元前5世紀ごろのギリシャ
ウ 紀元前3世紀ごろの秦　　　　　　**エ** 紀元前1世紀ごろのローマ帝国

**正答率
58.7%** **4** イスラム教を開いたムハンマドが，その教えを広めた「7世紀の初め」にあたる時期として最
も適切なものを，次の**ア**〜**エ**から1つ選べ。〈宮崎県〉　　　　　[　　　　　　　　　]

ア B.C.622年ごろ　　**イ** B.C.722年ごろ　　**ウ** A.D.622年ごろ　　**エ** A.D.722年ごろ

5 群馬県の岩宿遺跡から打製石器が発見されたことによって，日本での存在が明らかになった時代を何というか。〈和歌山県〉 ➡P.60●旧石器時代

[　　　　　　　　　]

6 右の**資料3**について，縄文時代の遺跡からは，このように，土でつくられ，人形にかたどられたものが発掘されている。これを何というか。〈長崎県〉
➡P.60●縄文時代　　　　　　　　　　　　　[　　　　　　　　　]

資料3

7 三内丸山遺跡は今から約5500年前〜約4000年前の集落跡である。この集落跡から発見されたものとして最も適切なものを，次の**ア〜エ**から1つ選べ。〈千葉県〉
➡P.60●縄文時代　　　　　　　　　　　　　[　　　　　　　　　]
ア 埴輪　**イ** 銅鐸　**ウ** 縄文土器　**エ** 金印(漢委奴国王)

8 稲作がさかんになると，社会のしくみも急速に変わり，各地に支配者が出現し，国ができていった。吉野ヶ里遺跡はこのころの遺跡である。この遺跡がある場所を，右の地図中の**ア〜エ**から1つ選べ。
〈鹿児島県・改〉　➡P.60●弥生時代　　　　[　　　　　　　　　]

正答率63.9%

9 次の文中の[　　　]にあてはまるものを，あとの**ア〜エ**から1つ選べ。
〈栃木県〉➡P.60●弥生時代　　　　　　　　[　　　　　　　　　]

正答率80.6%

中国の[　　　]の歴史書には，倭に邪馬台国という有力な国があり，女王卑弥呼が治めていたことなどが書かれている。

ア 秦　**イ** 殷　**ウ** 漢　**エ** 魏

10 右の写真を見て，次の問いに答えなさい。➡P.60●古墳時代
(1) 5世紀ごろの日本では，巨大な古墳がつくられていた。その中には，大阪府堺市にあり仁徳天皇陵と伝えられている右の写真の大仙(大山)古墳のように，四角と円を組み合わせた形のものがある。この形の古墳は何とよばれているか。〈大阪府〉

[　　　　　　　　　]

(2) このころの日本の様子について述べた文として適当なものを，次の**ア〜エ**から1つ選べ。〈千葉県〉　　　[　　　　　　　　　]
　ア かな文字が文学にも用いられるようになり，紀貫之などが『古今和歌集』をまとめた。
　イ 渡来人によって大陸の優れた技術や，仏教・儒教などが伝えられた。
　ウ 神話や伝承などをまとめた歴史書の『古事記』と『日本書紀』がつくられた。
　エ 大陸から金属器が伝わり，銅鐸などの青銅器が祭りの道具として使われ始めた。

思考力
(3) 中国や朝鮮との交渉がさかんになったころ，大和政権(ヤマト王権)の王が中国の南朝にたびたび使いを送ったが，この目的を簡潔に答えよ。〈千葉県〉

[　　　　　　　　　　　　　　　　　　　　　　　　　　　　　　]

11 右の図は，3世紀と5世紀における前方後円墳の分布図である。大和地方を中心とする大和政権（ヤマト王権）の勢力範囲が，3世紀から5世紀にかけてどのように変化したと考えられるか。次の説明文と図をふまえ，簡潔に答えよ。〈栃木県〉 →P.60●古墳時代

図　3世紀

5世紀ごろにつくられた稲荷山古墳（埼玉県）から鉄剣が出土し，「ワカタケル大王」と刻まれていた。また，江田船山古墳（熊本県）でも同様の文字が刻まれた鉄刀が出土した。

5世紀

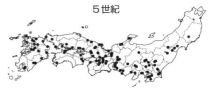

[   ]

12 次のカードは，史料の一部を要約し，わかりやすく書き直したものである。あとの問いに答えなさい。〈栃木県〉 →P.60●古墳時代

百済の国王が初めて仏像・教典および僧らを日本に送ってきた。天皇は，お言葉を下し，蘇我氏にこれらを授け，仏教の発展を図ったのである。

(1) このころ，役人として朝廷に仕え，財政や外交などで活躍していた，朝鮮半島から日本に移り住んできた人々を何というか。　　　[　　　　　　]

(2) 下線部の仏教が伝来した時期と最も近い時期に大陸から日本に伝えられたものを，次のア～エから1つ選べ。　　　[　　　　　　]

ア 儒教　イ 土偶　ウ 青銅器　エ 稲作

13 右の資料A～Cをみて，次の問いに答えなさい。→P.60●旧石器時代～弥生時代

(1) 資料Aの石器はどのような目的でつくられたか。次のア～エから1つ選べ。〈神奈川県〉
　　　　[　　　　　　]

資料A 石包丁

資料B
青銅器

資料C 金印

ア 戦いで武器として用いるため。
イ ナウマン象などを狩る道具として用いるため。
ウ 稲の穂を刈り取る道具として用いるため。
エ 祭りの道具として用いるため。

(2) 資料Bの青銅器について述べた文として，最も適切なものを，次のア～エから1つ選べ。〈新潟県〉

　　　　[　　　　　　]

ア これは銅鉾とよばれる青銅器の1つで，おもに農作業の道具として用いられた。
イ これは銅鉾とよばれる青銅器の1つで，おもに祭りの道具として用いられた。
ウ これは銅鐸とよばれる青銅器の1つで，おもに農作業の道具として用いられた。
エ これは銅鐸とよばれる青銅器の1つで，おもに祭りの道具として用いられた。

(3) 資料Cは，奴国の王に与えられたとされる金印である。金印にはこれを与えたとされる中国の国（王朝）名が刻まれている。この国（王朝）名を示す右の図中の　X　にあてはまる文字を書け。〈長崎県〉

　　　　[　　　　　　]

現代の民主政治

1 日本の選挙制度

- **選挙の原則**…満18歳以上のすべての国民が選挙権を持つ**普通選挙**，無記名で投票する**秘密選挙**，一人一人の一票の価値が同じである**平等選挙**，代表者を直接選ぶ**直接選挙**。
- **選挙制度**…選挙区から1名を選ぶ**小選挙区制**，得票に応じて政党に議席を配分する**比例代表制**。
- **選挙の課題**
  - ・投票率の低下…政治への無関心が原因。
  - ・**一票の格差**…選挙区の有権者数のちがいによって一票の価値に差が生じている。

ミス注意 衆議院と参議院のちがいに注意しよう。

	衆議院	参議院
議員数	465人	248人
任期	4年	6年 （3年ごとに半数改選）
解散	あり	なし
選挙権	18歳以上	18歳以上
被選挙権	25歳以上	30歳以上
選挙区	小選挙区289人 比例代表176人	選挙区 148人 比例代表100人

（2023年7月現在）

2 国の政治のしくみ

- **国会**…国権の最高機関，国の唯一の**立法機関**。
  - ・二院制…**衆議院**と**参議院**で構成。
  - ・**衆議院の優越**…予算の先議，予算案の議決，内閣総理大臣の指名，条約の承認，法律案の議決，内閣不信任の決議。
- **内閣**…**内閣総理大臣**と**国務大臣**で構成。
  - ・**議院内閣制**…内閣は国会の信任にもとづいて成立し，国会に対して責任を負うというしくみ。
- **裁判所**…**最高裁判所**と下級裁判所で構成。
  - ・**三審制**…慎重な裁判を行い，人権を守るため，原則3回まで裁判を受けられる。
  - ・**司法権の独立**…裁判官は，自分の良心に従い，憲法と法律だけにしばられる。
  - ・裁判の種類…**民事裁判**と**刑事裁判**。
  - ・**裁判員制度**…国民から選ばれた裁判員が審議に参加。

議院内閣制

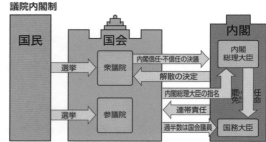

3 地方自治のしくみ

- **地方自治**…地方自治は「**民主主義の学校**」。首長と地方議会で構成。**条例**の制定。
- **地方財政**…自主財源の**地方税**，依存財源の地方交付税交付金，国庫支出金，地方債。
- **直接請求権**

内容	必要な署名数	請求先
条例の制定・改廃の請求	有権者数の50分の1以上	首長
監査請求		監査委員
首長や議員の解職請求	有権者数の3分の1以上	選挙管理委員会
議会の解散請求		

よくでる **三権分立**…立法権（国会），行政権（内閣），司法権（裁判所）が抑制し合い，権力の集中を防ぐ。

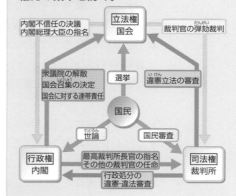

＊有権者数が40万人未満の場合。

1 次の ① , ② にあてはまる語句を，それぞれ答えよ。〈宮崎県〉 ➡P.64●選挙の原則

正答率 65.2%
正答率 76.3%

①[   ] ②[   ]

　選挙の基本原則において，一人が一票を持つことを「 ① 選挙」，一定年齢以上のすべての国民が選挙権を得ることを「 ② 選挙」という。

2 次の文中の Ⅰ , Ⅱ にあてはまる語句の組み合わせとして正しいものを，あとのア〜エから１つ選べ。〈栃木県〉 ➡P.64●選挙制度

正答率 56.1%

[   ]

　政党名または候補者名で投票する Ⅰ 制は，得票に応じて各政党の議席数を決めるため，当選に結びつかない票（死票）が Ⅱ なる。

ア　Ⅰ－小選挙区　Ⅱ－多く　　イ　Ⅰ－小選挙区　Ⅱ－少なく
ウ　Ⅰ－比例代表　Ⅱ－多く　　エ　Ⅰ－比例代表　Ⅱ－少なく

3 比例代表制の，ある選挙区において，右の**表1**のような投票結果になった。定数が５議席で，ドント式で議席を配分した場合，**表1**中のB党に配分される議席数を答えよ。〈富山県〉

[   ]

表1

	A党	B党	C党	D党
得票数	1800	1500	960	720

4 国会は，国権の最高機関であって，唯一の□□□機関とされ，国民から選挙で選ばれた議員によって構成されている。□□□にあてはまる最も適切なことばを書け。〈鹿児島県〉 ➡P.64●国会

正答率 75.7%

[   ]

5 右の**表2**は，日本の国会の種類について，大まかにまとめたものである。**表2**中の（ a ）〜（ c ）にあてはまる語句の組み合わせとして正しいものを，次のア〜カから１つ選べ。〈山口県〉 ➡P.64●国会

[   ]

表2

（ a ）	会期は150日間で，毎年１回，１月に召集される。
（ b ）	内閣または，いずれかの議院の総議員の４分の１以上の要求があった場合に召集される。
（ c ）	衆議院解散後の総選挙の日から30日以内に召集される。

ア　a－臨時会　b－常会　　c－特別会
イ　a－臨時会　b－特別会　c－常会
ウ　a－常会　　b－臨時会　c－特別会
エ　a－常会　　b－特別会　c－臨時会
オ　a－特別会　b－臨時会　c－常会
カ　a－特別会　b－常会　　c－臨時会

6 国会の議決において，いくつかの重要な点では，衆議院の優越が認められている。衆議院の優越が認められている理由を，「**国民の意見**」という語句を用いて，簡潔に答えよ。〈和歌山県〉

[   ]

正答率 64.3%
正答率 80.3%

7 衆議院議員の任期について述べた次の文章中の ① にあてはまる数字を書け。また，② にあてはまる語句を書け。〈新潟県〉 →P.64●国会

①[　　　　　　　] ②[　　　　　　　]

　衆議院議員の任期は ① 年である。ただし，衆議院が ② されたときは，任期が満了する前に議員としての地位を失う。

よくでる
正答率 57.9%

8 内閣の仕事として正しいものを，次の**ア〜エ**から**2つ**選べ。〈栃木県〉 →P.64●内閣

ア 条約の締結　**イ** 法律の制定　　　　　　[　　　　][　　　　]
ウ 予算の審議　**エ** 天皇の国事行為への助言と承認

よくでる

9 内閣が，国会の信任にもとづいて成立し，国会に対し連帯して責任を負うしくみを何というか。〈和歌山県〉 →P.64●内閣　　　　　　　　　　[　　　　　　　　　　]

正答率 76.9%

10 内閣不信任決議案が可決された場合について，次の文章中の Ⅰ ， Ⅱ にあてはまる語句の組み合わせとして正しいものを，あとの**ア〜エ**から**1つ**選べ。〈栃木県〉 →P.64●内閣

[　　　　　　　]

　内閣は，10日以内に Ⅰ を解散するか，総辞職しなければならない。 Ⅰ を解散した場合は，解散後の総選挙の日から30日以内に， Ⅱ が召集される。

ア Ⅰ−衆議院　Ⅱ−臨時会　　**イ** Ⅰ−衆議院　Ⅱ−特別会
ウ Ⅰ−参議院　Ⅱ−臨時会　　**エ** Ⅰ−参議院　Ⅱ−特別会

ハイレベル
正答率 68.6%

11 次の文章で述べている司法機関にあてはまるものを，あとの**ア〜エ**から**1つ**選べ。〈東京都〉

[　　　　　　　]

　都府県に各1か所，北海道に4か所の合計50か所に設置され，開かれる裁判は，原則，第一審となり，民事裁判，行政裁判，刑事裁判を扱う。重大な犯罪に関わる刑事事件の第一審では，国民から選ばれた裁判員による裁判が行われる。

ア 地方裁判所　**イ** 家庭裁判所　**ウ** 高等裁判所　**エ** 簡易裁判所

よくでる

12 右の**資料**は，刑事裁判における三審制のしくみを示したものである。a，bにあてはまる語句の組み合わせとして正しいものを，次の**ア〜エ**から**1つ**選べ。〈三重県〉　[　　　　　　]
ア a−控訴　b−上告
イ a−起訴　b−上告
ウ a−上告　b−控訴
エ a−控訴　b−起訴

資料　刑事裁判における三審制のしくみ

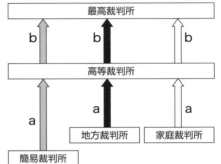

思考力 **13** 最高裁判所が「憲法の番人」とよばれるのは，法律や政令などが ___ を最終的に決定する権限を持つ機関だからである。___ に適当な言葉を書き入れて文を完成させよ。ただし ___ には，「**憲法**」の語句を用いること。〈愛媛県〉 **➡P.64●裁判所**

[   ]

14 地方公共団体の首長について適切に述べているものを，次の**ア〜オ**から**すべて**選べ。
〈和歌山県〉 [   ]

ア 被選挙権は，市町村・都道府県ともに満25歳以上である。
イ 条例の制定・改廃を求める直接請求権の請求先である。
ウ 法律の範囲内で条例を制定する。　　エ 地方公共団体の予算を決定する。
オ 地方議会に対して解散権を持つ。

正答率 75.5% **15** 地方公共団体の議会が制定する独自の法のことを何というか。〈栃木県〉 **➡P.64●地方自治**
[   ]

16 右の**表3**は住民の直接請求権についてまとめたものである。(**X**)〜(**Z**)に入る適切な語句を，次の**ア〜ウ**から１つずつ選べ。〈富山県〉
➡P.64●直接請求権

X[   ] Y[   ]
Z[   ]

ア 監査請求
イ 条例の制定・改廃の請求
ウ 議会の解散請求

表3　住民の直接請求権

請求の種類	必要な署名	請求先
(**X**)	有権者の３分の１以上 ※有権者総数40万人以下の地方公共団体の場合	選挙管理委員会
議員・首長の解職請求		
(**Y**)	有権者の50分の１以上	監査委員
(**Z**)		首長

よくでる **17** 右の図は，三権の抑制と均衡の関係を示している。図中の**あ**，**い**について説明したものを，次の**ア〜カ**からそれぞれ１つずつ選べ。〈滋賀県〉

➡P.64●三権分立
　　　あ[   ] い[   ]
ア 衆議院の解散　　イ 内閣不信任の決議
ウ 法律の違憲審査　　エ 命令・規則の違憲審査
オ 裁判官の弾劾裁判
カ 最高裁判所長官の指名

図

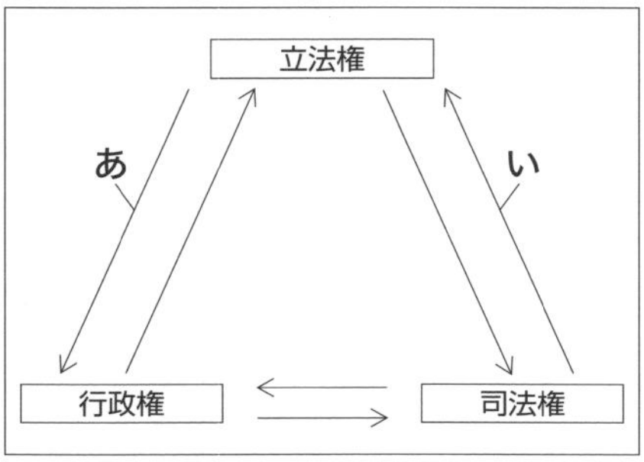

（立法権・行政権・司法権の三権の抑制と均衡の関係を示す図。立法権を頂点に，行政権と司法権が下に配置され，矢印あ，いが立法権と行政権・司法権の間に示されている。）

思考力 **18** 「私たちと政治」についてまとめた次の文章中の ___ にあてはまる内容を，簡潔に答えよ。
〈長崎県〉 **➡P.64●三権分立** [   ]

　日本において国の権力は立法，行政，司法の三つに分けられ，それぞれ国会，内閣，裁判所という独立した機関が担当している。このような三権分立を採用している理由は，三権がおたがいを抑制し，均衡を保ち ___ を防ぐことで国民の自由と権利を守っているからである。

1 私たちの消費生活

■ **家計**…家族や個人など，消費生活を営む単位。形のある**財**と形のない**サービス**を消費。

・支出…**消費支出**，非消費支出，**貯蓄**に分類。

・支払いの手段…**クレジットカード**，**電子マネー**，キャッシュレス決済の普及。

・消費者の権利…消費者主権の原則。**クーリング・オフ**制度，**製造物責任法〔PL法〕**など。

■ **流通**…生産された商品が消費者の手に届くまでの流れ。

・流通の合理化…人手を省き，流通費用を削減。

→**POS**システム，インターネット・ショッピングなど情報通信技術を活用。

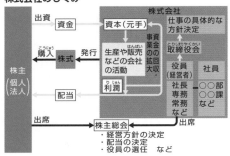

株式会社のしくみ

2 生産と労働

■ **企業**…おもに生産を行う経済主体。**公企業**と**私企業**に分類。

・**株式会社**…株式を発行して**株主**から資金を集める。

→利益の一部を**配当**として分配。

・ベンチャー企業の増加…独自の技術を活用して発展。

・企業の社会的責任〔**CSR**〕…社会貢献も求められる。

■ **労働者の権利**

・労働三法…**労働基準法**，労働組合法，労働関係調整法。

・ワーク・ライフ・バランス…仕事と生活の両立を実現。

ミス注意 労働三法のうち，労働時間や休日など，労働条件の最低基準を定めているのは労働基準法。

3 市場経済のしくみ

■ **市場経済**…市場を通じて商品が自由に取り引きされる経済。

・**市場価格**…需要量と供給量の関係で価格が決定。

・**独占禁止法**…**公正取引委員会**が運用。

・**公共料金**…国民生活への影響が大きいため，水道・電気料金などは国や地方公共団体が決定・認可。

■ **金融のしくみ**…直接金融，間接金融。

・日本銀行の役割…**発券銀行**，**政府の銀行**，**銀行の銀行**→景気を安定させるために**金融政策**を行う。

■ **景気変動**

・好景気…物価が上昇し，**インフレーション**が発生。

・不景気…物価が下落し，**デフレーション**が発生。

■ **為替相場**…自国の通貨と外国の通貨の交換比率。

・円高…外国通貨に対する円の価値が上がる。輸出が不利。

・円安…外国通貨に対する円の価値が下がる。輸入が不利。

よくでる 需要と供給の関係

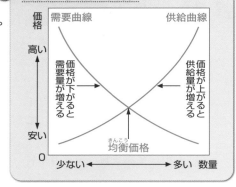

景気変動の様子

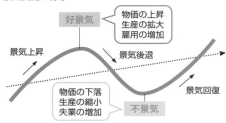

入試問題で実力チェック！

解答解説 別冊 P.29

1 次の問いに答えよ。➡P.68●家計／流通

正答率 68.6%
(1) 経済主体の一つであり，家族や個人など消費生活を営む経済活動の単位を何というか。**漢字２字**で書け。〈福島県〉

[　　　　　]

正答率 69.8%
(2) 消費者が訪問販売などで商品を購入した場合，一定期間内であれば書類によって契約（けいやく）の解除ができる，消費者の保護を目的とした制度がある。この契約解除制度を何というか。〈愛媛県〉

[　　　　　]

(3) 欠陥（けっかん）商品によって消費者が被害（ひがい）を受けた場合，企業の過失を証明できなくても，損害賠償（ばいしょう）を求めることができる法律が1994年に成立した。この法律を何というか。〈鹿児島県〉

[　　　　　]

(4) 工場でつくられた商品などが私たち消費者に届くまでの流れを何というか。〈和歌山県〉

[　　　　　]

2 右の**資料1**は，ある大規模な小売業者が，製造業者から商品を直接仕入れることで，流通の合理化を図ったときの流通のしくみの変化について，模式的に示したものである。小売業者が，流通の合理化を図ったのは，どのような目的があったからか，その１つとして考えられることを，「費用」という語句を用いて，簡潔に答えよ。〈三重県〉 ➡P.68●流通

[　　　　　　　　　　　　　　　　　]

資料1

合理化前	合理化後
製造業者	製造業者
↓	
卸売（おろしうり）業者	
↓	↓
小売業者	小売業者
↓	↓
消費者	消費者

3 POSシステムのしくみについて述べた文として正しいものを，次の**ア～オ**から**２つ**選べ。〈北海道〉 ➡P.68●流通 [　][　]

ア 商品の情報がバーコードから読み取られ，すぐに金額が集計される。

イ インターネットを使って，消費者が商品の情報を入手することができる。

ウ 購入された商品が，使用後に資源として有効にリサイクルされる。

エ 自宅で結んだ商品の購入契約をクーリング・オフにより解除することができる。

オ 小売店で販売した商品の数量などが，コンピューターを通じて本部に伝えられる。

4 株式会社について述べた次の文章を読んで，あとの問いに答えよ。〈長崎県〉

➡P.68●金融のしくみ／企業

> 株式会社は，株式を発行し，証券市場などを通じて家計や企業から資金を調達している。一般的（いっぱん）に株式会社の経営は，会社の重要事項を決める　**X**　で選ばれた専門の経営者である取締役（とりしまりやく）によって行われている。

(1) 文章中の下線部について，金融のしくみのうち，このような資金調達の方法を何というか。

[　　　　　]

(2) 文章中の　**X**　にあてはまる語句を書け。

[　　　　　]

5 右の**図1**中のA〜Cは，日本の製造業における売上高，企業数，従業者総数のいずれかについて，中小企業と大企業の割合を示したものである。A〜Cにあたるグラフの組み合わせとして正しいものを，次の**ア**〜**エ**から1つ選べ。〈山口県〉

[   ]

ア　A－従業者総数　B－企業数　　C－売上高

イ　A－従業者総数　B－売上高　　C－企業数

ウ　A－企業数　　　B－従業者総数
　　C－売上高

エ　A－企業数　　　B－売上高
　　C－従業者総数

図1

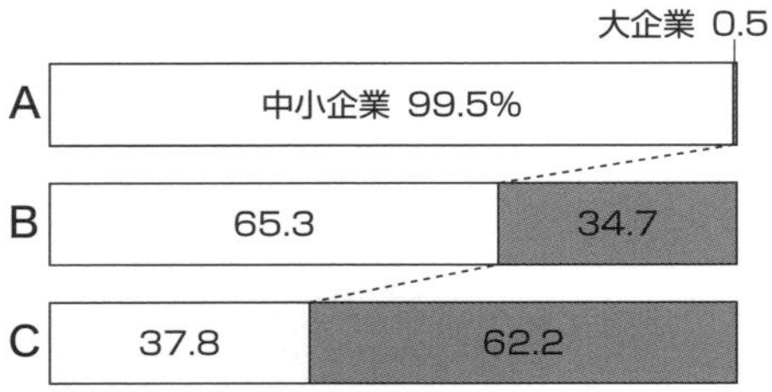

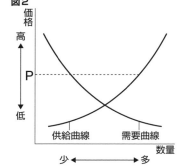

大企業 0.5

A	中小企業 99.5%	
B	65.3	34.7
C	37.8	62.2

（売上高は2015年，他は2016年）
（「中小企業白書2020」による）

6 日本国憲法第27条②の「賃金，就業時間，休息その他の勤労条件に関する基準は，法律でこれを定める。」という規定にもとづいて制定された法律を何というか。〈和歌山県〉

➡P.68●労働者の権利　　　　　　　　　　　　　　　　　[   ]

7 現在の日本の労働や雇用について述べた文として最も適切なものを，次の**ア**〜**エ**から1つ選べ。〈愛知県〉　　　　　　　　　　　　　　　　[   ]

ア　企業は，人件費を抑えるために，正規雇用労働者を増やし，アルバイトなどの非正規雇用労働者を減らす傾向にある。

イ　少子化による人口減少が続いており，深刻化する労働力人口の不足を解消するため，外国人労働者の受け入れを拡大していくためのしくみづくりが求められている。

ウ　諸外国の雇用状況を参考にして，労働者の能力や成果を賃金に反映させるしくみである年功序列賃金を取り入れる企業が増える傾向にある。

エ　非正規雇用労働者は，正規雇用労働者に比べて労働条件が不安定なため，賃金が高く設定されており，その賃金格差が問題になっている。

8 市場経済における商品の価格は，需要量と供給量の関係で変化する。右の**図2**は，ある商品の需要量と供給量の関係を示したものである。この商品の価格がPのときの状況とその後の価格の変化について述べた文として適切なものを，次の**ア**〜**エ**から1つ選べ。〈福島県〉　➡P.68●市場経済

[   ]

ア　供給量が需要量よりも多いため，価格は上昇する。

イ　供給量が需要量よりも多いため，価格は下落する。

ウ　需要量が供給量よりも多いため，価格は上昇する。

エ　需要量が供給量よりも多いため，価格は下落する。

図2

価格
高
P
低

供給曲線　　需要曲線
　　　　　　　数量
少　　　　　多

9 電気・ガス・水道などは，それぞれの地域で供給者が独占状態であることがほとんどである。これらは安定的に供給される必要があり，価格を自由に決めることが許されていない。電気・ガス・水道の料金のように，政府などが決定・認可する価格は何とよばれるか。また，この価格の決定・認可に政府などが関わり，価格の上昇などを規制する理由を，簡潔に答えよ。

〈静岡県〉　➡P.68●市場経済

名称[　　　　　]

理由[　　　　　　　　　　　　　　　　　　　　　　　　　]

10 企業が不当な価格協定を結ぶことを禁止するなど，市場における企業同士の公正かつ自由な競争を促進(そくしん)するために制定された法律を何というか。〈栃木県〉 →P.68●市場経済

[   ]

11 次の文は，さまざまな商品の価格を総合して平均した指標である物価について述べたものである。文中の（ X ），（ Y ）にあてはまる語句の組み合わせとして正しいものを，あとのア〜エから1つ選べ。〈岩手県〉 →P.68●景気変動 [   ]

> （ X ）になると，商品やサービスの需要が増え，需要が供給を上回ると，物価が上がり続ける（ Y ）が起こる。

ア X-好況　Y-デフレーション　　イ X-好況　Y-インフレーション
ウ X-不況　Y-デフレーション　　エ X-不況　Y-インフレーション

12 右の**資料2**は，日本銀行と一般(いっぱん)の銀行のはたらきについて，模式的に示したものである。次の問いに答えなさい。〈徳島県〉 →P.68●金融のしくみ

(1) **資料2**中の（ A ）には同じ語句があてはまる。その語句を，次のア〜エから1つ選べ。 [   ]

ア 政府　イ 労働組合
ウ 政党　エ 地方自治体

資料2

(2) 一般の銀行は，企業や個人などとの関係において，利潤(りじゅん)を得るためにどのようなことを行うか，「預金」，「貸し出し」，「利子の比率」の3語を用いて，簡潔に答えよ。

[   ]

13 金融(きんゆう)政策について，次の文中の　I　，　II　にあてはまる語句の組み合わせとして正しいものを，あとのア〜エから1つ選べ。〈栃木県〉 →P.68●金融のしくみ [   ]

> 好景気の（景気が過熱する）とき，　I　は公開市場操作を行い，国債(こくさい)などを　II　ことで，一般の金融機関の資金量を減らす。

ア I-日本政府　II-買う　　イ I-日本政府　II-売る
ウ I-日本銀行　II-買う　　エ I-日本銀行　II-売る

14 次の文章は，為替(かわせ)相場の変動について述べたものである。　A　，　B　にあてはまる語句の組み合わせとして正しいものを，あとのア〜エから1つ選べ。〈福島県〉 →P.68●為替相場

[   ]

> 円とドルの為替相場は，2012年には1ドル＝80円前後だったが，2020年には1ドル＝110円前後で推移するようになった。この8年間で　A　が進み，日本企業が製品を輸出するのに　B　な状態となった。

ア A-円高　B-有利　　イ A-円高　B-不利
ウ A-円安　B-有利　　エ A-円安　B-不利

個人の尊重と日本国憲法

1 人権思想の発達

- **人権思想の歩み**…17〜18世紀に**自由権**や**平等権**が確立→20世紀に**社会権**が確立。**ロック，モンテスキュー，ルソー**らの思想が広がる。
- **立憲主義**…憲法にもとづき政治を行う考え→政治権力を制限。

法の構成

上位 / 下位

- 憲法 …最高のきまり
- 法律 …国会が定める
- 命令，規則 …内閣や省庁などが定める

2 日本国憲法の成立

- **大日本帝国憲法**…1889年に制定。**天皇主権**。国民（臣民）の権利は，「法律の範囲内」で保障。
- **日本国憲法**…1946年11月3日公布，1947年5月3日施行。
  - ・基本原理…**国民主権，基本的人権の尊重，平和主義**。
- **天皇の地位**…日本国と日本国民統合の**象徴**。内閣の助言と承認にもとづいて**国事行為**のみを行う。
- **平和主義**…前文と**第9条**で明記。
  - ・**自衛隊**の設置…必要最小限度の実力。
  - ・**非核三原則**…核兵器を「持たず，つくらず，持ちこませず」とする原則。

日本国憲法の改正手続き

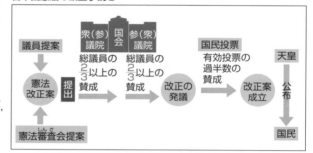

3 基本的人権

- **基本的人権**…「**個人の尊重**」（憲法13条）にもとづく，人が生まれながらに持つ永久の権利。
  - ・**平等権**…個人の尊重，法の下の平等。
    - →**男女共同参画社会基本法**の制定。**バリアフリー**，ユニバーサルデザインの広がり。
  - ・**自由権**…精神の自由，身体の自由，経済活動の自由。
  - ・**社会権**…健康で文化的な最低限度の生活を営む権利である**生存権**，教育を受ける権利，勤労の権利。
    - →**労働基本権**は，**団結権**，団体交渉権，団体行動権。
  - ・人権を保障するための権利…**参政権，請求権**など。
  - ・**公共の福祉**…社会全体の利益。人権が制限される場合がある。
  - ・国民の義務…**子どもに普通教育を受けさせる義務，勤労の義務，納税の義務**。

  ミス注意 生存権の条文はよく出題されるので，おさえておこう。

- **新しい人権**…社会の変化とともに主張されるようになった権利。

  よくでる 新しい人権

環境権	日照権に配慮した住居，環境アセスメントなど
知る権利	情報公開制度
プライバシーの権利	個人情報保護法
自己決定権	インフォームド・コンセント臓器提供意思表示カードなど

- **国際社会と人権**
  - ・**世界人権宣言**…各国の人権保障の模範となる。
    - →**国際人権規約**…世界人権宣言に法的拘束力を持たせる。
    - →女子差別撤廃条約，子ども（児童）の権利条約。
  - ・**NGO**〔非政府組織〕…国境を越えて活動。

解答解説
別冊
P.31

入試問題で実力チェック！

正答率66.0% **1** 次の**ア～ウ**のできごとを，年代の古い順に並べかえ，記号で答えよ。〈岐阜県〉　➡P.72●人権思想の歩み

[　　　→　　　→　　　]

ア　人権を，人類普遍（ふへん）の価値として認める世界人権宣言が採択（さいたく）された。
イ　人間らしい生活を保障しようとする社会権を認めるワイマール憲法が制定された。
ウ　人は生まれながらに自由で平等な権利を持つとするフランス人権宣言が発表された。

正答率33.7% **2** 次の文は，憲法による人権の保障について説明したものである。　**X**　にあてはまる語句を，**漢字４字**で書け。〈福島県〉　➡P.72●立憲主義　　[　　　　　　]

> 国の政治権力から人権を守り，保障していくために，憲法によって政治権力を制限するという考え方を　**X**　という。

正答率78.0% **3** 「政治権力も民主的に定められた法に従わなければならない」という考えを説明した右の**図１**中の　**i**　～　**iii**　に入る語句の組み合わせとして正しいものを，次の**ア～エ**から１つ選べ。〈兵庫県〉

➡P.72●立憲主義　　[　　　　　　]

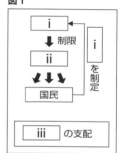

図1

ア　i－国王・君主・政府　　　ii－法　　　　　　　　iii－法
イ　i－国王・君主・政府　　　ii－法　　　　　　　　iii－人
ウ　i－法　　　　　　　　　　ii－国王・君主・政府　iii－法
エ　i－法　　　　　　　　　　ii－国王・君主・政府　iii－人

 4 日本国憲法について，次の問いに答えなさい。➡P.72●日本国憲法

(1)　日本国憲法の公布日について正しいものを，次の**ア～エ**から１つ選べ。〈佐賀県〉
　　ア　1946年５月３日　　**イ**　1946年11月３日　　　　　　　　[　　　　　　]
　　ウ　1947年５月３日　　**エ**　1947年11月３日

(2)　次の日本国憲法の条文中の[　　]にあてはまる語句を書け。〈長崎県〉[　　　　　　]

> 第13条　すべて国民は，[　　]として尊重される。生命，自由及（およ）び幸福追求に対する国民の権利については，公共の福祉に反しない限り，立法その他の国政の上で，最大の尊重を必要とする。

(3)　次の**図２**は，憲法改正の手続きを示したものである。（　**X**　）～（　**Z**　）にあてはまる語句を，あとの**ア～エ**から１つずつ選べ。〈富山県〉

X[　　　　　] Y[　　　　　] Z[　　　　　]

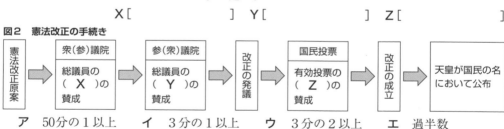

図2　憲法改正の手続き

ア　50分の１以上　　　**イ**　３分の１以上　　　**ウ**　３分の２以上　　　**エ**　過半数

5 次の問いに答えよ。〈和歌山県〉　➡P.72●天皇の地位

よく
でる

(1) 次の日本国憲法の第1条中の　X　にあてはまる語句を書け。　　［　　　　　　　］

> 第1条　天皇は，日本国の　X　であり日本国民統合の　X　であって，この地位は，主権の存する日本国民の総意に基く。

(2) 天皇の国事行為について適切に述べているものを，次のア～オからすべて選べ。

　　ア　条約を公布する。　　　　　　イ　国務大臣を任命する。　　　［　　　　　　　］
　　ウ　弾劾裁判所を設置する。　　　エ　内閣総理大臣を任命する。
　　オ　最高裁判所長官を指名する。

正答率
32.6%

正答率
22.4%

6 次の文は，国際平和主義について，その内容が示されている日本国憲法の条文の一部である。　X　，　Y　にあてはまる語句を書け。〈福島県〉

　　　　　　　　　　　　　　　　　　　　　X［　　　　　　　　］　Y［　　　　　　　　］

> 陸海空軍その他の　X　は，これを保持しない。国の　Y　は，これを認めない。

思考力

7 基本的人権について，次の問いに答えよ。➡P.72●基本的人権

正答率
55.9%

(1) 基本的人権の構成を表す図として最も適切なものを，次のア～エから1つ選べ。
〈宮崎県〉　　　　　　　　　　　　　　　　　　　　　　　　　［　　　　　　　］

正答率
52.8%

(2) 日本国憲法では「法の下の平等」を規定している。1999年に国が制定した，男性も女性も対等な立場で活躍できる社会を創ることを目指した法律を何というか。〈福島県〉

　　　　　　　　　　　　　　　　　　　　　　　　　　　　　［　　　　　　　］

よく
でる

(3) 日本国憲法が保障している国民の権利のうち，精神の自由の内容を侵害することにあてはまるものを，次のア～エから1つ選べ。〈神奈川県〉　　　［　　　　　　　］

　　ア　警察官が，現行犯でないにもかかわらず，裁判官の発する令状なしに被疑者を逮捕すること
　　イ　企業が，採用，職場内の配置，昇進などの面で男女間に差を設けること
　　ウ　地方公共団体が，商店の出店や営業時間について条例などにより制限すること
　　エ　国が，本や雑誌の内容を検閲すること

よく
でる

(4) 日本国憲法第25条で保障されている「健康で文化的な最低限度の生活を営む権利」として最も適切なものを，次のア～オから1つ選べ。〈富山県〉　　［　　　　　　　］

　　ア　自由権　　　　　　イ　生存権　　　ウ　勤労の権利
　　エ　教育を受ける権利　オ　労働基本権

8 ある生徒が世界の歴史の中で社会権が認められるまでの流れを，次の図にまとめた。 **P** にあてはまる内容を，「**賃金**」「**時間**」の２つの語句を用いて，簡潔に答えよ。〈福島県〉

[ ]

17～18世紀	19世紀			20世紀
人権思想の発展により，自由権，平等権が保障された。	経済活動がさかんになり，資本主義経済が発展した。	生産力が増し，物が豊かになった一方，労働者は **P** ことや失業，生活環境（かんきょう）の悪化などにより生活がおびやかされた。	こうした状況（じょうきょう）の改善を目指した労働運動や，選挙権の拡大を求めた普通（ふつう）選挙運動がさかんになった。	人間らしい生活を保障しようとする権利として社会権が認められた。

9 次の文章は，労働基本権について説明したものである。文章中の（ **A** ）～（ **C** ）にあてはまる語句の組み合わせとして正しいものを，あとの**ア**～**エ**から１つ選べ。〈鳥取県〉

➡**P.72●基本的人権**

> 労働者は，雇（やと）い主である使用者に対して弱い立場にあることから，日本国憲法では，労働基本権を保障している。労働基本権とは，労働者が労働組合をつくる権利である（ **A** ），賃金や労働条件の改善などについて使用者と話し合う権利である（ **B** ），要求を実現させるためにストライキなどを行う権利である（ **C** ）の三つをいう。

ア **A**－団結権 **B**－団体行動権 **C**－団体交渉（こうしょう）権 [ ]
イ **A**－団体行動権 **B**－団体交渉権 **C**－団結権
ウ **A**－団結権 **B**－団体交渉権 **C**－団体行動権
エ **A**－団体行動権 **B**－団結権 **C**－団体交渉権

10 次の問いに答えなさい。➡**P.72●基本的人権／新しい人権／国際社会と人権**

(1) 日本国憲法には国民の義務が三つ定められている。子どもに普通教育を受けさせる義務，勤労の義務と，あと一つは何か。〈長崎県〉 [ ]

(2) 次の文章中の□□□にあてはまる語句を書け。〈兵庫県〉 [ ]

> 日本国憲法は，「この憲法が国民に保障する自由及（およ）び権利は，国民の不断の努力によって，これを保持しなければならない。又（また），国民は，これを濫用（らんよう）してはならないのであって，常に□□□のためにこれを利用する責任を負ふ。」（第12条）と定めて，すべての人の権利を公平に尊重するために，権利の濫用をいましめている。

(3) 新しい人権のうち，情報公開制度によって実現されている権利は何か。〈岩手県〉

[ ]

(4) 医療（いりょう）のインフォームド・コンセントの考え方があてはまる権利として，最も適切なものを，次の**ア**～**エ**から１つ選べ。〈鳥取県〉 [ ]

ア プライバシーの権利 **イ** 自己決定権
ウ 請願権 **エ** 生存権

(5) 1948年に国際連合で採択（さいたく）された，各国が保障すべき人権の共通の基準を示し，人権保障の模範（もはん）となっているものを，次の**ア**～**エ**から１つ選べ。〈長崎県〉 [ ]

ア 女子差別撤廃（てっぱい）条約 **イ** 世界人権宣言
ウ 子どもの権利条約 **エ** 国際人権規約

財政と国民の福祉

1 財政の働き

- **財政**…国や地方公共団体の経済活動。
  - ・**社会資本**…道路，公園，水道などの整備。
  - ・**公共サービス**…警察，消防，学校教育など，国民生活を維持するためのサービス。

  よくでる → ・**財政政策**…景気を安定させるための政策。
  好景気のとき…増税し，公共投資を減らす。
  不景気のとき…減税し，公共投資を増やす。

  - ・**国債**…財政を補うために発行→国債費の増加。
- **租税**
  - ・納税先のちがい…**国税**と**地方税**。
  - ・納税者と負担者によるちがい…**直接税**と**間接税**。
  - ・**累進課税制度**…所得税などは，所得が多くなるほど，税率が高くなるしくみ。

国の歳入と歳出

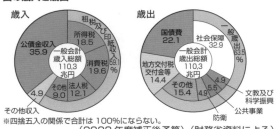

※四捨五入の関係で合計は 100％にならない。
（2022 年度補正後予算）（財務省資料による）

租税の種類

| | 国税 | 地方税 | |
		(都)道府県税	市(区)町村税
直接税	所得税 法人税 相続税など	(都)道府県民税 自動車税 事業税など	市(区)町村民税 軽自動車税 固定資産税など
間接税	消費税 関税 揮発油税 たばこ税 酒税など	地方消費税 ゴルフ場利用税 たばこ税など	たばこ税など

2 社会保障のしくみ

- **日本の社会保障制度**…**生存権**にもとづいて，国が国民の生活を保障。

よくでる

種類	説明	内容
社会保険	事前にかけ金を積み立て，けがをしたときや病気になったときなどに給付を受ける。	医療保険，年金保険，介護保険，雇用保険，労災保険
公的扶助	生活が困難な人に生活費を支給し，自立を援助する。	生活保護（生活扶助，医療扶助など）
社会福祉	働くのが困難な人の生活を保障する。	障がい者福祉，児童福祉，高齢者福祉など
公衆衛生	国民の健康の保持・増進を目的とする支援。	感染症対策，上下水道整備，廃棄物処理，公害対策など

- **少子高齢化への対策**…高齢者の増加，働き手の減少により，高齢者一人を支える働き手の負担が増加→**介護保険制度**を導入し，40歳以上の人の加入を義務づけ。
- **社会保障と財政**…高福祉で高負担の**大きな政府**，低福祉で低負担の**小さな政府**。

3 公害防止と環境保全

- **公害への対策**…急速な経済発展にともない大気汚染や騒音などの公害が発生。
  - ・**公害対策基本法**（1967年）…四大公害病の発生により制定。
  - ・**環境庁の設置**（1971年）…2001年に**環境省**へ移行。
  - ・**環境基本法**（1993年）…ダイオキシンによる土壌汚染に対応。
- **循環型社会への取り組み**
  - ・**３R**の取り組み…リデュース，リユース，リサイクル→**循環型社会形成推進基本法**の制定。

正答率 26.1%

1 道路や河川，上下水道など地域社会を支える基盤としての公共施設などのことを何というか。〈滋賀県〉 ➡P.76●財政　　[　　　　　　　　]

思考力

2 右の⑫～⑭は，1979年度，1999年度，2019年度のいずれかの年度の，日本の一般会計における歳出の内訳を示したものである。⑫～⑭を古いものから順に並べると，どのようになるか，最も適切なものを，次のア～カから1つ選べ。〈三重県〉

[　　　　　　　　]

ア　⑫→⑬→⑭　　イ　⑫→⑭→⑬
ウ　⑬→⑫→⑭　　エ　⑬→⑭→⑫
オ　⑭→⑫→⑬　　カ　⑭→⑬→⑫

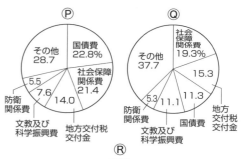

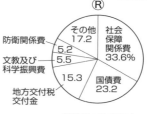

（「数字でみる日本の100年」による）

正答率 64.0%

3 次の文中の　Ⅰ　，　Ⅱ　にあてはまる語句の組み合わせとして正しいものを，あとのア～エから1つ選べ。〈栃木県〉 ➡P.76●財政　　[　　　　　　　　]

> 　Ⅰ　のとき政府は，財政政策として，公共事業への支出を増やしたり，　Ⅱ　をしたりするなど，企業の生産活動を促そうとする。

ア　Ⅰ－好景気　Ⅱ－増税　　イ　Ⅰ－不景気　Ⅱ－増税
ウ　Ⅰ－好景気　Ⅱ－減税　　エ　Ⅰ－不景気　Ⅱ－減税

よくでる

4 右の表は，おもな税金の種類をまとめたものの一部である。表中のA～Dには，次のア～エの税金のいずれかがあてはまる。Dにあてはまる税金を，ア～エから1つ選べ。〈三重県〉 ➡P.76●租税

[　　　　　　　　]

表

	国税	道府県税	市町村税
直接税	A	B	D
間接税	揮発油税など	C	入湯税など

ア　固定資産税　　イ　地方消費税　　ウ　自動車税　　エ　所得税

よくでる

5 地方税にあてはまるものを，次のア～エから1つ選べ。〈広島県〉 ➡P.76●租税

ア　所得税　　イ　住民税　　ウ　相続税　　エ　法人税　　[　　　　　　　　]

正答率 40.9%

6 次の文は，消費税について述べたものである。正誤の組み合わせとして正しいものを，あとのア～エから1つ選べ。〈福島県〉 ➡P.76●租税　　[　　　　　　　　]

> P　消費税は，税金を納めなければならない人と実際に税金を負担する人が一致する。
> Q　消費税は，所得税に比べて，所得の低い人ほど所得に対する税負担の割合が高くなる傾向がある。

ア　P－正　Q－正　　イ　P－正　Q－誤
ウ　P－誤　Q－正　　エ　P－誤　Q－誤

7 Kさんは，税金の公平性について調べ，次のようにまとめた。文章中の　　P　　にあてはまる，所得税における累進課税の課税方法の特徴を，簡潔に答えよ。〈埼玉県〉 **➡P.76●租税**

正答率 46.3%

[　　]

　税金は，国民が公正に分担して納める必要があります。消費税は，所得に関係なく，すべての国民が，同じ金額の商品の購入に対して同じ金額を負担しなければなりません。それに対して，所得税は，　　P　　という特徴がある累進課税の課税方法が採られています。このように，税制は，複数の税金をうまく組み合わせることで，全体としての公平性が保たれています。

8 社会保障制度について，次の問いに答えなさい。 **➡P.76●日本の社会保障制度／社会保障と財政**

(1) 社会保障について述べた次の①～③と，それぞれ関係の深い語句A～Dの組み合わせとして正しいものを，あとの**ア**～**カ**から1つ選べ。〈兵庫県〉 [　　　　　　]

正答率 73.5%

　① 収入が少なく生活に困っている人に対して，生活費や教育費などを給付する。
　② 国民の健康を増進し，感染症の予防などを行う。
　③ 障がいのある人や高齢者などに対して，生活の保障や支援サービスを提供する。

　A 社会福祉　　**B** 社会保険　　**C** 公衆衛生　　**D** 公的扶助
　ア ①-A ②-B ③-D　　**イ** ①-A ②-D ③-B
　ウ ①-B ②-A ③-C　　**エ** ①-B ②-D ③-A
　オ ①-D ②-C ③-B　　**カ** ①-D ②-C ③-A

(2) 福祉の充実を図るため，2000年に新たな社会保障制度が導入された。40歳以上の全員が加入し，国や地方公共団体などからサービスが受けられる制度を何というか。〈兵庫県〉

正答率 24.8%

[　　　　　　　　　　　　　　　　　　　]

(3) 右の図は，税や保険料の国民負担と社会保障給付費の関係をまとめたものである。現在の日本の状況を●の位置としたとき，次のことを行うと，日本の状況はどの位置に移動するか。図中の**ア**～**エ**から1つ選べ。〈岐阜県〉

ハイレベル

正答率 64.0%

[　　　　　　　　　　　　　　　　　]

　医療保険の保険料を引き上げて，医療機関で支払う医療費の自己負担を少なくする。

図　国民の負担と社会保障給付費の関係

税や保険料の国民負担が大きい

社会保障給付費が少ない　　社会保障給付費が多い

| ア | イ |
| ウ | エ |

税や保険料の国民負担が小さい

9 次のA～Cの政策を小さな政府と大きな政府に分類したときの組み合わせとして正しいものを，あとの**ア**～**エ**から1つ選べ。〈兵庫県〉 **➡P.76●社会保障と財政** [　　　　]

正答率 51.5%

　A 政府の税収を増やす。
　B 国民の税の負担を軽くする。
　C 政府が充実した社会保障や公共サービスを提供する。

ア 小さな政府-A・C　大きな政府-B　　**イ** 小さな政府-A　大きな政府-B・C
ウ 小さな政府-B・C　大きな政府-A　　**エ** 小さな政府-B　大きな政府-A・C

10 次のような総人口が常に100万人の国で，65歳以上の高齢者の生活を15〜64歳の人々が支えることとした場合，このモデルを説明した**あ〜お**の文のうち，正しいものの組み合わせを，あとの**ア〜カ**から1つ選べ。〈兵庫県〉 **→P.76●少子高齢化への対策** [ ]

正答率 45.8%

> 【50年前】15〜64歳人口 69万人 65歳以上人口 7万人
> 【現在】 15〜64歳人口 59万人 65歳以上人口 29万人

あ 50年前と比べて，現在は65歳以上の人口割合が高く，15〜64歳の人々が約5人で65歳以上の高齢者1人を支えていることになる。

い 50年前と比べて，現在は65歳以上の人口割合が高いが，15〜64歳の人々が65歳以上の高齢者1人を支える割合に変化はない。

う 50年前は，現在と比べて15〜64歳の人口割合が高く，15〜64歳の人々が約2人で65歳以上の高齢者1人を支えていたことになる。

え 50年前は，現在と比べて15〜64歳の人口割合が高く，15〜64歳の人々が約10人で65歳以上の高齢者1人を支えていたことになる。

お 50年前と比べて，現在は15〜64歳の人口割合が低く，15歳未満の人口割合も50年前と比べて約半分になっている。

 ア あ・え **イ** あ・お **ウ** い・う **エ** い・お **オ** う・え **カ** え・お

正答率 55.2%

11 政府の環境保全の取り組みについて，次の問いに答えなさい。

→P.76●公害への対策／循環型社会への取り組み

(1) 1993年に国が制定した，公害対策基本法を発展させ，環境保全に対する社会全体の責務を明らかにした法律を何というか。〈福島県〉

[ ]

 思考力

正答率 82.0%

(2) 環境への負担をできる限り減らす循環型社会を目指す取り組みが社会全体で行われている。コンビニエンスストアのレジで会計するときに，消費者ができる3Rの取り組みを一つ具体的に簡潔に答えよ。〈栃木県〉

[ ]

(3) 日本の環境問題に関連して，日本における廃プラスチックについて，右の**資料**から読み取れることとして最も適当なものを，次の**ア〜エ**から1つ選べ。〈佐賀県〉

[ ]

ア 2017年は2005年と比較して，総排出量と有効利用量は減少しており，有効利用率も低下している。

イ 2017年は2005年と比較して，総排出量は減少しているが，有効利用量は増加しており，有効利用率も上昇している。

ウ 2017年は2005年と比較して，総排出量は減少しているが，有効利用量は増加しており，有効利用率は低下している。

エ 2017年は2005年と比較して，総排出量と有効利用量は増加しており，有効利用率の変化はない。

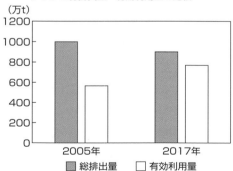

資料 2005年と2017年の日本における廃プラスチックの総排出量・有効利用量の比較

（一般社団法人 プラスチック循環利用協会ホームページによる）

地球社会と私たち

1 国際社会のしくみ

領土・領海・領空

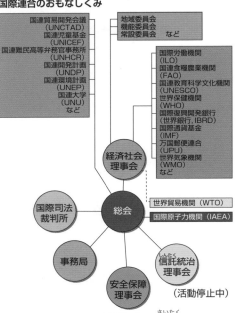

■ 国際社会における国家

- 国家の定義…**国民，領域，主権**を持つ。国歌，国旗が象徴。
- **主権国家**…主権平等，**内政不干渉の原則**が認められる。
- **領域**…領土，領海，領空で構成。
- **国際法**…国同士が守るべききまり。

■ **国際連合の役割**…193か国が加盟（2023年7月現在）。

よくでる
- **総会**…全加盟国で構成。決定権は1か国1票。
- **安全保障理事会**…常任理事国と非常任理事国で構成。常任理事国は**拒否権**を持ち，1国でも反対すると決定できない。

ミス注意 安全保障理事会の常任理事国は，アメリカ，ロシア，イギリス，フランス，中国の5か国。

■ **地域主義**…特定の地域で国家同士の結びつきを深め，国際協力を強めようとする動き。

- **ヨーロッパ連合〔EU〕，東南アジア諸国連合〔ASEAN〕，アフリカ連合〔AU〕**など。
- 自由貿易協定〔**FTA**〕，経済連携協定〔**EPA**〕など。

国際連合のおもなしくみ

2 さまざまな国際問題

■ 地球環境問題

- **地球温暖化**…温室効果ガスによって地球全体の気温が上昇。
- 国際的な取り組み…**国連環境開発会議**〔地球サミット〕→京都議定書→**パリ協定**の採択。
- 持続可能な開発目標〔**SDGs**〕→解決すべき17の目標が国連で採択。

■ 資源・エネルギー問題

- 限りある資源…**化石燃料**には限りがある→**再生可能エネルギー**の開発が進められている。
- 日本の電力…火力発電中心。エネルギー資源の約90％を輸入にたよっている。

■ **貧困の問題**…発展途上国での産業の発達や資源の開発が遅れていることが原因。

- **南北問題**…北半球に多い先進国と南半球に多い発展途上国との間の経済格差と，それによって起こるさまざまな問題。
- 自立支援の動き…**フェアトレード**〔公正貿易〕，**マイクロクレジット**〔少額融資〕など。
- **政府開発援助**〔**ODA**〕…人材育成や技術援助で発展途上国を支援。

■ **地域紛争**…冷戦終結後，各地で国際紛争やテロが発生→**難民**の発生。

- **核兵器禁止条約**の採択…各国で核軍縮が求められる。

入試問題で実力チェック！

解答解説
別冊
P.34

正答率 63.9% **1** 国際社会のしくみについて，次の問いに答えなさい。➡P.80●国際社会における国家

(1) 国家間で結ぶ条約や，長年の慣行が定着し法としての性格を持つようになったものなど，国家がたがいに主権を尊重しあっていくために守るべき法を何というか。〈栃木県〉

[　　　　　　　　　　]

(2) 他国による支配や干渉を受けないという原則が，主権国家には認められている。この原則を何というか。〈和歌山県〉 [　　　　　　　　　　]

よくでる (3) 国家について説明した次の文章中の [　P　] に入る適切な語句を書け。また，文章中の**Q**について，（　　）の**ア〜ウ**から適切なものを１つ選べ。〈富山県〉

P[　　　　　　　　] Q[　　　　　　　　]

> 国家は主権，国民，領域によって成り立っている。その中でも領域は，領土・領海・領空に分類され，領海は海岸線から一定範囲の海域である。また，領海を除く，海岸線から200海里以内は [　P　] 水域とされ，漁業資源や鉱産資源を開発し，保全する権利が，沿岸国に認められている。
>
> 領空は**Q**（**ア** 領土　**イ** 領土と領海　**ウ** 領土と領土沿岸から200海里まで）の上空とされている。

2 国際連合について，次の問いに答えなさい。➡P.80●国際連合の役割

(1) 国際連合の組織の中で平和の維持に責任を持つ，５か国の常任理事国と10か国の非常任理事国から構成されるものとして最も適切なものを，次の**ア〜エ**から１つ選べ。
〈神奈川県〉 [　　　　　　　　　　]

ア 安全保障理事会　**イ** 国際司法裁判所　**ウ** 経済社会理事会　**エ** 総会

正答率 66.5% (2) 次の文で述べている国際連合の機関にあてはまるものを，あとの**ア〜エ**から１つ選べ。
〈東京都〉

> 国際紛争を調査し，解決方法を勧告する他，平和を脅かすような事態の発生時には，経済封鎖や軍事的措置などの制裁を加えることができる主要機関である。

ア 国連難民高等弁務官事務所　**イ** 安全保障理事会　[　　　　　　　　　　]
ウ 世界保健機関　　　　　　　**エ** 国際司法裁判所

正答率 76.8% (3) 国連教育科学文化機関を略称で表したものを，次の**ア〜エ**から１つ選べ。〈大阪府〉
ア PKO　**イ** UNESCO　**ウ** UNICEF　**エ** WHO　[　　　　　　　　　　]

よくでる (4) 国際連合が行う停戦監視などの活動を何というか。〈福井県〉

[　　　　　　　　　　]

よくでる (5) 2015年に国連で合意された，世界が直面しているさまざまな課題を解決するための「17の目標」を何というか。〈和歌山県〉 [　　　　　　　　　　]

ハイレベル **正答率 18.0%** (6) 国際連合の総会の決定において，各構成国は１票の投票権を持つ。その理由を簡潔に答えよ。〈滋賀県〉

[　　　　　　　　　　　　　　　　　　　　　　　　　　　　]

3 右の**表1**は，国際連合の安全保障理事会における
ある重要な決議案の投票結果を示している。投票
の結果，この決議案は採択されたか，それとも採
択されなかったか。**理由を明らかにしながら，**
「常任理事国」という語句を用いて，簡潔に答えよ。
〈福島県〉　➡P.80●国際連合の役割

正答率 53.9%

[　　　　　　　　　　　　　　　　]

表1　安全保障理事会におけるある重要な決議案の
投票結果

投票	国名
賛成	コートジボワール，赤道ギニア，エチオ ピア，フランス，カザフスタン，ペルー， クウェート，オランダ，ポーランド，ス ウェーデン，イギリス，アメリカ
反対	ボリビア，ロシア
棄権	中国

4 次の文中の　　　　にあてはまる語句を，あとの**ア〜エ**から１つ選べ。〈山梨県〉

➡P.80●地域主義

> 太平洋沿岸地域では，日本も設立当初から参加している，経済協力を目指した　　　　が
> 開催されている。

ア EU　　**イ** APEC　　**ウ** IMF　　**エ** USMCA　　　　　　[　　　　　　]

5 次の**表2**は，国際経済における地域協力についてまとめたものである。**表2**中の　X　に適
切な語句を書き入れて表を完成させよ。〈愛媛県〉　➡P.80●地域主義　　[　　　　　　　　]

表2

協定の種類	略称	説明	例
自由貿易協定	FTA	貿易の自由化を目指す。	USMCA〔米国・メキシコ・カナダ協定〕
経済連携協定	X	貿易の自由化に加え，投資や人の移動 など，幅広い経済関係の強化を目指す。	TPP11協定〔環太平洋パートナーシッ プに関する包括的及び先進的な協定〕

6 右の**資料1**は，地球環境問題を考える国際会議で，温室効果ガスの削減
について1990年水準に対する各国の削減目標を示したものである。こ
の数値目標が盛りこまれて採択された文書は何とよばれているか。
〈福井県〉　➡P.80●地球環境問題　　　　　　[　　　　　　　]

資料1

> 先進国全体5.2%
> アメリカ7%
> 日本6%
> EU8%

7 2015年に開催された，国連気候変動枠組条約締約国会議で採択されたパリ協定について説明
したものとして，最も適切なものを，次の**ア〜エ**から１つ選べ。〈鳥取県〉

正答率 55.4%

➡P.80●地球環境問題

ア　先進国に対して，温室効果ガスの削減目標を義務づけた。　　　　[　　　　　　]

イ　先進国に対して，フロンガスの削減目標を義務づけた。

ウ　すべての国に対して，温室効果ガスの削減目標を義務づけた。

エ　すべての国に対して，フロンガスの削減目標を義務づけた。

8 右の**グラフ1**は，1990年から2015年における，米，小麦，と
うもろこしの，世界全体の生産量の推移を示している。地球
環境問題に関係して生産量が増えている，**グラフ1**中の④に
あたるものを，次の**ア〜ウ**から１つ選べ。また，④の生産量
が増えている理由として考えられることを，地球環境問題に
関係する新たな用途に着目して，簡潔に答えよ。〈静岡県〉

正答率 73.0%
正答率 49.6%

グラフ1

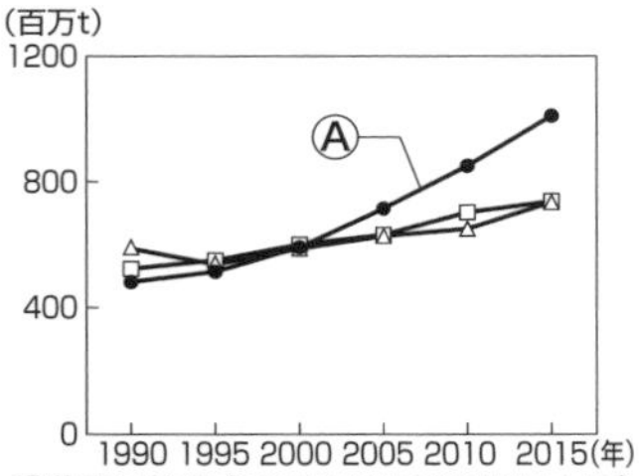

（百万t）
1200
800
400
0
1990 1995 2000 2005 2010 2015（年）
（「世界国勢図会2018/19」ほかによる）

ア　米　　**イ**　小麦　　**ウ**　とうもろこし　　　　記号[　　　　　　]

理由[　　　　　　　　　　　　　　　　　　　　　　　　　]

9 再生可能エネルギーとして最も適切なものを，次の**ア〜エ**から1つ選べ。〈岐阜県〉

➡P.80●資源・エネルギー問題 [　　　　　　　　　]

ア 石炭　　**イ** 天然ガス　　**ウ** バイオマス　　**エ** 石油

10 先進国が発展途上国の開発などを支援するために行う，「政府開発援助」の略号を書け。

〈岐阜県〉　➡P.80●貧困の問題 [　　　　　　　　　]

11 右の**グラフ2**は，2019年における，政府開発援助〔ODA〕の総額に占めるおもな国の割合を示したものであり，**グラフ2**中の**A〜D**は，アメリカ合衆国，イギリス，ドイツ，日本のいずれかである。**A**にあてはまる国を，次の**ア〜エ**から1つ選べ。〈山口県〉

[　　　　　　　　　]

ア アメリカ合衆国　　**イ** イギリス
ウ ドイツ　　　　　　**エ** 日本

グラフ2

その他 30.9

2019年 1528億ドル

A 22.7%
B 15.6
C 12.7
D 10.1
フランス 8.0

（「世界国勢図会2020/21」による）

12 より良い国際社会を実現するための取り組みを説明した次の文中の　X　に入る語句を，**カタカナ**で書け。〈富山県〉 ➡P.80●貧困の問題 [　　　　　　　　　]

> 発展途上国でつくられた農作物や製品を，その労働に見合う公正な価格で取り引きをすることは　X　とよばれ，生産者の生活を支える取り組みとして注目されています。

13 国際社会における課題として，南南問題がある。南南問題とは，どのような問題か。「**格差**」という語句を用いて，簡潔に答えよ。〈山口県〉 ➡P.80●貧困の問題

[　　　　　　　　　　　　　　　　　　　　　　　　　　　　　]

14 廃プラスチックについて，持続可能な社会を実現するために解決すべき日本の課題は何か，その1つとして考えられることを，次の**資料2〜4**から読み取れることをもとにして，「**輸出**」と「**国内**」という2つの語句を用いて，簡潔に答えよ。〈三重県〉

[　　　　　　　　　　　　　　　　　　　　　　　　　　　　　]

資料2　2017年における日本の廃プラスチックの処理状況

211万トン | 国内で処理（38.4%） | 海外で処理（61.6%）

〔注：数値は，処理前と同様な用途の原料として再生利用するものの内訳〕
（プラスチック循環利用協会資料ほかによる）

資料3　2017年7月における日本の廃プラスチックのおもな輸出先

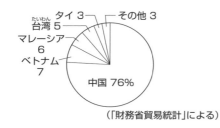

タイ 3　その他 3
台湾 5
マレーシア 6
ベトナム 7
中国 76%

（「財務省貿易統計」による）

資料4　海外における廃プラスチックの輸入規制の動向

・中国
2017年12月末　非工業由来の廃プラスチックの輸入を禁止
2018年12月末　工業由来の廃プラスチックの輸入を禁止

・ベトナム
2018年6月　輸入基準を厳格化

・マレーシア
2018年7月　実質的に輸入禁止

・台湾
2018年10月　輸入規制の厳格化

・タイ
2021年　全面輸入禁止の方針

（経済産業省Webページほかによる）

現代社会と私たち

1 現代社会の課題

- **グローバル化**…人や物，お金や情報などが国境を越えて移動し広がっていく状況。

  - ・**国際分業**…各国が得意な分野の製品をつくって輸出し，苦手な分野の製品は他国にたよって輸入する。
  - ・日本に住む外国人の増加…**多文化共生社会**の形成が進む。

- **少子高齢化**

  - ・少子化…**合計特殊出生率**の低下により子どもの数が減少。
    →結婚年齢の高まり，育児と仕事の両立の難しさなどが原因。
  - ・高齢化…医療技術が進歩し，**平均寿命**が延びる→高齢者が増加。
  - ・家族構成の変化…**核家族世帯**，単独世帯の増加。
  - ・少子高齢化の課題…現役世代の負担の増加と社会保障の充実。

家族構成の変化

(万世帯)1000	2000	3000	4000	5000	6000

夫婦のみ ┐ ┌1人親と子ども 5.7

1980年 25% 夫婦と子ども 42.1 / その他の世帯 19.9 / 単独世帯 19.8

2020年 20.0% / 25.0 / 9.0 / 8.0 / 38.0

（「日本国勢図会2022/23」ほかによる）

- **情報化**

  - ・情報通信技術〔**ICT**〕の発達…インターネット・ショッピングや電子マネーの普及。
  - ・人工知能〔**AI**〕の進化…ビッグデータで大量の情報を分析。
  - ・情報化の課題…情報格差，個人情報の流出→**情報リテラシー**や**情報モラル**が求められる。

- **持続可能な社会**…現代の世代だけでなく，将来の世代の幸福を満たす社会。

2 私たちの生活と文化

- **文化の役割**…衣食住など人々がつくりあげたしくみ。

  - ・科学…くらしを便利にする技術。医療技術，航空の技術など。
  - ・宗教…信仰を通じて，人の考えや生活に影響を与える。
  - ・芸術…感情や思いを表現し，他者に伝える絵画や音楽，演劇など。

- **伝統文化**…長い歴史の中で育まれ，受け継がれてきた文化。

  - ・**年中行事**…毎年同じ時期に行われる行事。
  - ・伝統芸能…能，歌舞伎，茶道など，昔から受け継がれてきた文化。
  - ・地域文化…沖縄県の琉球文化，北海道のアイヌ文化など。
  - ・伝統文化の継承と保存…**文化財保護法**，**アイヌ民族支援法**などの制定。

日本のおもな年中行事

1月	正月
2月	節分
3月	桃の節句，お彼岸
5月	端午の節句
7月	七夕
8月	お盆
9月	お彼岸
11月	七五三
12月	クリスマス

3 現代社会の見方・考え方

よくでる 効率と公正の考え方

- **社会的存在としての私たち**

  - ・社会的存在…人は助け合い，ともに生きていく存在。
  - ・**社会集団**…家族は最小の社会集団。学校，地域社会など。

- **対立と合意**

  - ・対立…社会集団の中ではさまざまな問題が生じる。
    →**きまり**〔ルール〕がつくられる。
  - ・きまりをつくる方法…**全会一致**や多数決。多数決の場合，**少数意見の尊重**も重要。

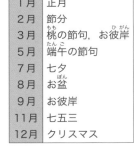

▼合意への道すじ

対立	→大勢の人が納得できる方法。→	合意
効率	みんなの時間やお金，もの，労力をむだなく使っているか。	
公正	大勢の人が参加して決定されているか。機会が制限されたり，不当な結果にかたよったりしていないか。	

入試問題で実力チェック！

1 現代社会の課題について，次の問いに答えよ。　➡P.84●グローバル化／情報化／伝統文化

（1）　今日では，人，もの，資本，情報などが国境を越えて容易に移動できるようになり，一国の経済も世界経済の動向に大きく左右されるようになった。地球規模で経済などの一体化が進む社会の傾向を何というか。〈長崎県〉　[　　　　　　　]

正答率 87.1%

（2）　次の文章中の①〜③に入る語句の組み合わせとして正しいものを，あとの**ア〜エ**から1つ選べ。〈兵庫県〉　[　　　　　　　]

> 世界各国では，自国のみですべての商品を生産せずに，　①　な分野の商品を輸出して，　②　な分野の商品を輸入する傾向にある。これを　③　という。

ア　①−不得意　②−得意　　③−産業の空洞化
イ　①−不得意　②−得意　　③−国際分業
ウ　①−得意　　②−不得意　③−産業の空洞化
エ　①−得意　　②−不得意　③−国際分業

正答率 96.5%

（3）　情報通信技術が発達する中で，情報を正しく判断して活用する力を何というか，次の**ア〜エ**から1つ選べ。〈兵庫県〉

ア　情報リテラシー　　　**イ**　マイクロクレジット　　　[　　　　　　　]
ウ　バリアフリー　　　　**エ**　クラウドファンディング

正答率 71.8%

（4）　5月5日のこどもの日に関して，次の文中の[　　]にあてはまるものを，あとの**ア〜エ**から1つ選べ。〈神奈川県〉　[　　　　　　　]

> この日は，日本の伝統的な年中行事の一つである[　　]にあたり，柏餅や粽を食べたり，菖蒲湯に入ったりする風習が各地にあります。

ア　七五三　　**イ**　端午の節句　　**ウ**　節分・豆まき　　**エ**　七夕

2 右の**グラフ1**は，アメリカ，イギリス，ドイツ，日本のいずれかの65歳以上の高齢者が人口に占める割合（高齢化率）の推移と将来の推計を示している。次の会話は，**A**さんと**B**さんが，**グラフ1**を見て話し合ったものである。会話を参考に，日本にあてはまるものを，**グラフ1**中の**ア〜エ**から1つ選べ。〈鳥取県〉　➡P.84●少子高齢化

正答率 81.9%

[　　　　　　　]

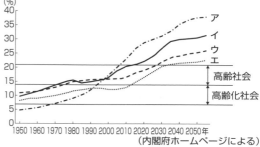

グラフ1　65歳以上の高齢者が人口に占める割合（高齢化率）の推移と将来の推計

（内閣府ホームページによる）

> **A**さん：1950年代の日本の高齢化率は，それほど高くないね。
> **B**さん：日本は1970年代には高齢化社会になっているよ。また，日本は他の国と比べて，最も急激に高齢化が進んだといえるね。
> **A**さん：2030年には，日本の人口の3割以上が65歳以上の高齢者になっていることが予想されているね。

正答率 73.3%

3 右のグラフ2，3から読み取れる内容を述べた文として正しいものを，次の**ア**〜**エ**から1つ選べ。〈埼玉県〉

➡P.84●情報化

[　　　　　]

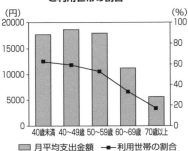

グラフ2 2018年の世帯主の年齢階級別ネットショッピングの支出金額と利用世帯の割合

凡例：■ 月平均支出金額　─■─ 利用世帯の割合

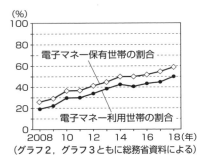

グラフ3 電子マネー保有世帯の割合と電子マネー利用世帯の割合の推移

（グラフ2，グラフ3ともに総務省資料による）

ア グラフ2を見ると，ネットショッピング利用世帯の割合は，世帯主の年齢階級(ねんれい)が低いほど低くなる。

イ グラフ2を見ると，月平均支出金額が最も高い年齢階級は，40歳未満(さい)である。

ウ グラフ3を見ると，電子マネー利用世帯の割合は，前年を下回った年はない。

エ グラフ3を見ると，2018年の電子マネー保有世帯の割合と電子マネー利用世帯の割合は，いずれも2008年と比べて2倍以上である。

よくでる

正答率 72.7%

4 日本の伝統的な年中行事に関して，一年の中で1月から行われる順に正しく並べたものを，次の**ア**〜**カ**から1つ選べ。〈神奈川県〉　➡P.84●伝統文化　[　　　　　]

ア お盆(ぼん)→ひな祭り→節分・豆まき　　**イ** お盆→節分・豆まき→ひな祭り

ウ ひな祭り→節分・豆まき→お盆　　**エ** ひな祭り→お盆→節分・豆まき

オ 節分・豆まき→お盆→ひな祭り　　**カ** 節分・豆まき→ひな祭り→お盆

---

5 次の**ア**〜**オ**のうち，核(かく)家族世帯にあたるものを**すべて**選べ。また，あとの文は，家庭生活を含(ふく)めた共生社会の実現について書いたものの一部である。文中の◯◯◯に入る語句を，**漢字6字**で書け。〈京都府〉　➡P.84●少子高齢化　記号[　　　　　] 語句[　　　　　]

ア 単独(一人)世帯　　**イ** 夫婦のみの世帯　　**ウ** 夫婦と未婚(みこん)の子どもの世帯

エ 夫婦と未婚の子どもと夫婦の両親の世帯

オ 一人親(父または母のみ)と未婚の子どもの世帯

> 　性別による役割分担という固定的な考え方を取り除き，女性の社会進出を進め，男女が家庭生活や仕事において対等な立場で活躍(かつやく)できる社会をつくることが求められており，1999年には男女◯◯◯基本法が制定された。

正答率 64.2%

6 対立を解消し，合意を目指す過程について述べた次の文章中の**X**〜**Z**に入る語句として適切なものを，あとの**ア**〜**ウ**からそれぞれ1つずつ選べ。〈兵庫県〉

➡P.84●社会的存在としての私たち／対立と合意

X[　　　　　] Y[　　　　　] Z[　　　　　]

> 　人間は地域社会をはじめ，さまざまな社会集団と関係を持ちながら生きており，**X**といわれる。意見が対立する場合，手続き，機会，結果の**Y**の考え方や，労力や時間，お金やものがむだなく使われているかという**Z**の考え方から合意を形成することが求められる。

X **ア** 全体の奉仕者(ほうし)　**イ** オンブズパーソン　**ウ** 社会的存在

Y **ア** 公正　**イ** 責任　**ウ** 平等

Z **ア** 契約(けいやく)　**イ** 共生　**ウ** 効率

7 次の表は，採決の仕方についての説明と特徴を示したものである。あとの問いに答えなさい。

〈福島県〉 ➡P.84●対立と合意

表 採決の仕方についての説明と特徴

採決の仕方	説明	特徴
全会一致	全員の意見が一致する	Q
P	より多くの人が賛成する意見を採用する	R

ア	Q	決定に時間がかからない
	R	少数意見が反映される
イ	Q	決定に時間がかからない
	R	少数意見が反映されにくい
ウ	Q	決定に時間がかかる
	R	少数意見が反映される
エ	Q	決定に時間がかかる
	R	少数意見が反映されにくい

正答率 93.8%

（1） 表中の　P　にあてはまる語句を漢字3字で書け。

[　　　　　　　　]

正答率 87.7%

（2） 表中の　Q　，　R　にあてはまる特徴の組み合わせとして適当なものを，右上のア〜エから1つ選べ。

[　　　　　　　　]

8 民主政治の意思決定の方法として多数決が用いられることが多いが，多数決にも問題点がある。右の**資料1**は，花子さんの学級で行った多数決の状況について示したものである。**資料1**中の**【結論】**の問題点について，**【多数決の結果】**に着目して**20字以内**で簡潔に答えよ。〈大分県〉 ➡P.84●対立と合意

正答率 39.8%

[　　　　　　　　　　　　　　　　　　　　　　　]

資料1

【経緯】
　学級レクリエーションの内容について意見を集めたところ，サッカー，バスケットボール，バレーボールの3種目が候補となり，学級の全員（35名）で多数決をとった。

【多数決の結果】

種目	投票数
サッカー	15票
バスケットボール	11票
バレーボール	9票

【結論】
最も投票数の多かったサッカーに決定した。

9 太郎さんと花子さんは国際分業の利点について考えるために，次の**資料2**を作成した。**資料2**を参考にして，国際分業の利点とその理由を，簡潔に答えよ。〈大分県〉 ➡P.84●グローバル化

ハイレベル

思考力

正答率 33.7%

[　　　　　　　　　　　　　　　　　　　　　　　]

資料2

○架空の2か国に次の条件を設定し，国際分業を行わない場合と行う場合の生産量を比較した。
・両国ともに労働者は100人であり，国家間の労働者の移動は生じないものとする。
・A国はコンピューター1台の生産に10人，とうもろこし1トンの生産に40人の労働者が必要。
・B国はコンピューター1台の生産に30人，とうもろこし1トンの生産に20人の労働者が必要。

◆国際分業を行わない（自国で生産して自国で消費する）場合の生産量

	コンピューターを生産する労働者の数	とうもろこしを生産する労働者の数	生産量
A国	20人	80人	コンピューター2台 とうもろこし2トン
B国	60人	40人	コンピューター2台 とうもろこし2トン

◆国際分業を行う（各国で生産したものを貿易する）場合の生産量

	コンピューターを生産する労働者の数	とうもろこしを生産する労働者の数	生産量
A国	100人	0人	コンピューター10台
B国	0人	100人	とうもろこし5トン

1

右の地図を見て，次の問いに答えよ。

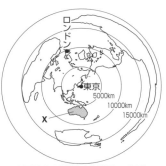

(東京からの距離と方位が正しい地図)

(1) 航空機を利用して，東京から東へまっすぐ飛び続けて東京に戻（もど）ってくるとき，最後に通過する大陸名を答えよ。　〈4点〉

(2) 日本の成田（なりた）国際空港を1月5日午後3時に出発した航空機が，13時間かかってロンドンに到着（とうちゃく）した。このとき，ロンドンは何月何日の何時になるか，午前・午後をつけて答えよ。　〈4点〉

(3) 地図中の**X**の国について述べた次の**A**〜**C**の文の正誤の組み合わせとして，最も適切なものを，下の**ア**〜**カ**から1つ選び，記号で答えよ。　〈4点〉

> **A** かつてフランスの植民地であったことから，フランス語を公用語としている。
> **B** 国土の半分以上が降水量の少ない草原や砂漠（さばく）で，人口は温暖な沿岸部に集まっている。
> **C** マオリとよばれる先住民がおり，「ハカ」という伝統的な踊（おど）りを大切にしている。

ア **A**−正　**B**−正　**C**−誤　　**イ** **A**−正　**B**−誤　**C**−正
ウ **A**−正　**B**−誤　**C**−誤　　**エ** **A**−誤　**B**−正　**C**−正
オ **A**−誤　**B**−正　**C**−誤　　**カ** **A**−誤　**B**−誤　**C**−正

2

右の地図を見て，次の問いに答えよ。

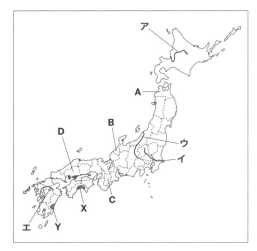

(1) 地図中の**ア**〜**エ**の川のうち，日本で最も長い川はどれか。1つ選び，記号と河川名を答えよ。　〈完答4点〉

記号　　　　　　　　　　　　　　　川

(2) 地図中の**A**〜**D**の県のうち，県名と県庁所在地名が異なるものを1つ選び，記号と県名を答えよ。　〈完答4点〉

記号　　　　　　　　　　　　　　　県

(3) 地図中の**X**，**Y**の平野でさかんな促成栽培（そくせいさいばい）とは，どのような栽培方法か。簡潔に書け。　〈8点〉

3 右の年表を見て，次の問いに答えよ。

年代	できごと
4世紀	大和政権の統一が進む‥‥‥‥A
743年	墾田永年私財法が出される‥‥‥B
1615年	（　C　）がつくられる
1905年	ポーツマス条約が結ばれる‥‥‥ D
1929年	世界恐慌が起こる‥‥‥‥‥‥ E
1945年	F 戦後の改革が始まる‥‥‥‥

(1) 年表中の**A**のころにつくられた古墳から出土するものとして，適切でないものを，次の**ア〜エ**から1つ選び，記号で答えよ。　〈3点〉

ア 埴輪　　**イ** 銅鏡
ウ 鉄砲　　**エ** 鉄剣

(2) 年表中の**B**が出された時代の文化を代表する建築物として，最も適切なものを，次の**ア〜エ**から1つ選び，記号で答えよ。　〈3点〉

ア 平等院鳳凰堂　　**イ** 金閣
ウ 法隆寺　　　　　**エ** 東大寺

資料Ⅰ

一、文武弓馬の道にはげむこと。
一、新しく城を築いてはならない。
　　城の修理は奉行所に届け出ること。
一、幕府の許可なく結婚してはならない。
（一部要約）

(3) 右の**資料Ⅰ**は，年表中の（　C　）にあてはまる法令の一部を示している。この法令名を漢字で答えよ。　〈3点〉

(4) 右の**資料Ⅱ**は，年表中の**D**の期間のわが国の輸出額と輸入額の推移をグラフにしたものの一部である。これについて述べた次の文中の（　①　），（　②　）にあてはまる語句を，下の**ア〜オ**からそれぞれ1つずつ選び，記号で答えよ。〈完答3点〉

資料Ⅱ
（億円）
※a，bは輸出額，輸入額のいずれかを示す。
（『日本長期統計総覧』による）

　グラフ中の※の期間は（　①　）の影響で，わが国の経済は好景気（好況）となり，（　②　）の状態が続いた。

ア 第一次世界大戦　　**イ** 第二次世界大戦　　**ウ** 朝鮮戦争　　**エ** 輸入超過　　**オ** 輸出超過

①　　　　　　②

(5) 年表中の**E**の期間に起こったできごとを，次の**ア〜エ**から3つ選び，年代の古い順に並べかえ，記号で答えよ。　〈完答3点〉

ア 日中戦争が始まった。　　**イ** 日独伊三国同盟が結ばれた。
ウ 満州事変が起こった。　　**エ** 原敬を首相とする政党内閣が成立した。

　　　→　　　　→

(6) 年表中の下線部**F**の一つに農地改革がある。その内容について，「**地主**」，「**小作人**」，「**自作農**」の語句を使って簡潔に書け。　〈8点〉

4 次の文章を読んで，あとの問いに答えよ。

> **A** 日本国憲法が保障する**B** 基本的人権は，平等権，自由権，社会権，基本的人権を守るための権利の4種類に大きく分けることができる。また，**C** 日本国憲法に明確に定められてはいないが，社会の変化によって新たに認められるようになった人権もある。

(1) 下線部**A**の日本国憲法では，国民主権，平和主義，基本的人権の尊重を3つの基本原理としている。国民主権とは，どのようなことか。「主権」の意味を明らかにして簡潔に書け。　〈8点〉

(2) 下線部**B**の基本的人権のうち，「公共の福祉」による制限を受けやすいとされているものを，次の**ア〜エ**から1つ選び，記号で答えよ。　〈4点〉
 ア 選挙権　　　**イ** 刑事手続きの保障
 ウ 信教の自由　**エ** 集会・結社・表現の自由

(3) 下線部**C**について，近年，このような「新しい人権」にもとづいて，医療の現場で，インフォームド・コンセントの考えが広がっている。この考えと最も関係が深い「新しい人権」を，次の**ア〜エ**から1つ選び，記号で答えよ。　〈4点〉
 ア 環境権　　　**イ** 知る権利
 ウ 自己決定権　**エ** プライバシーの権利

5 右の**資料**を見て，次の問いに答えよ。

(1) **資料**は，国の歳出の内訳を示している。**資料**中の**X**にあたる費用の名称を何というか，答えよ。　〈4点〉

資料

2022年度予算
（『日本国勢図会』2022/23版から作成）

(2) **資料**中の社会保障関係費について，わが国の社会保障制度のうち，老後や病気，失業などに備えて，加入者がかけ金を積み立て，必要なときに給付を受けられるしくみを何というか，答えよ。　〈4点〉

(3) **資料**中の地方交付税交付金に関連して，地方公共団体のしくみについて述べた次の文章中の（　①　），（　②　）にあてはまる語句の組み合わせとして最も適切なものを，下の**ア〜エ**から1つ選び，記号で答えよ。　〈4点〉

> 地方公共団体の首長は，（　①　）によって選ばれる。地方議会が首長の不信任を議決した場合，首長は地方議会を（　②　）して，住民の判断を求めることができる。

 ア ①－地方議会の指名　②－解散　　**イ** ①－地方議会の指名　②－監査
 ウ ①－住民の直接選挙　②－解散　　**エ** ①－住民の直接選挙　②－監査

6 右の地図を見て，次の問いに答えよ。

(1) 地図中の緯線**ア～ウ**のうち，実際の距離が最も長いのはどれか。1つ選び，記号で答えよ。〈3点〉

(2) 地図中に ● で示した**a～d**の地域のうち，日本の本州と同じ気候帯に属しているものはどれか，1つ選び，記号で答えよ。〈3点〉

(3) 次の**ア～エ**の歴史的なできごとのうち，地図中の**X**の大陸で起こったできごとはどれか。1つ選び，記号で答えよ。〈3点〉

ア 南北戦争が起こる。　　　　　**イ** インカ帝国が栄える。
ウ フランス革命が起こる。　　　**エ** アヘン戦争が起こる。

(4) 次の文は，地図中の**Y**の都市に本部があり，1945年10月に成立した国際組織について述べたものである。（ ① ），（ ② ）にあてはまる語句の組み合わせとして適切なものを，下の**ア～エ**から1つ選び，記号で答えよ。〈3点〉

> この組織は（ ① ）で，平和維持のための主要機関が設置されているが，この機関では重要な議事については，5つの常任理事国が（ ② ）を行使できる。

ア ①－国際連合　②－拒否権　　**イ** ①－国際連合　②－立法権
ウ ①－国際連盟　②－拒否権　　**エ** ①－国際連盟　②－立法権

(5) (4)で述べた国際組織に日本が加盟した年のできごととして最も適切なものを，次の**ア～エ**から1つ選び，記号で答えよ。〈3点〉

ア 日中平和友好条約の締結　　　　**イ** 日韓基本条約の締結
ウ サンフランシスコ平和条約の調印　**エ** 日ソ共同宣言の調印

(6) 地図中の**Z**の大陸には発展途上国が多い。右の**資料**は，発展途上国の自立を支援するため，貧困層の人々に資金を融資するしくみである。このしくみは，貧困層の人々にどのような利点があるか，**資料**から読み取れる内容をふまえて，簡潔に書け。〈6点〉

資料

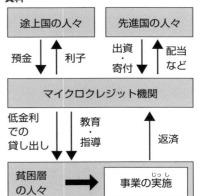

1 右の地図を見て，次の問いに答えよ。

(1) 地図中の●は，おもな ▢▢▢ 発電所の位置を示している。▢▢▢ にあてはまる語句を，次の**ア～エ**から１つ選び，記号で答えよ。 〈3点〉

　ア 火力　**イ** 原子力
　ウ 水力　**エ** 地熱

(2) 右下の**資料**は，地図中の**A ～ D**の県の統計である。このうち，**A**の県にあたるものを，**資料**の**ア～エ**から１つ選び，記号で答えよ。 〈3点〉

(3) 次の表は，近畿地方の府県の昼の人口から夜の人口を差し引いた数値を示したものである。昼の人口が夜の人口を下回っている府県のうち，その差が大きい順に３つ選んで，下の白地図に斜線で示せ。 〈完答3点〉

三重	−28 (千人)
滋賀	−48
京都	51
大阪	390
兵庫	−255
奈良	−129
和歌山	−15

(『データでみる県勢』2023年版より作成，2020年)

資料

	面積(km²)	人口(千人)	耕地面積(ha)	海面漁業漁獲量(千t)	製造品出荷額等(億円)
ア	5,173	7,542	73,300	53	481,864
イ	7,282	2,302	125,500	165	45,590
ウ	3,507	553	34,100	91	7,868
エ	6,362	1,939	65,900	−	90,522

(『日本国勢図会』2022/23年版より作成)

(4) 地図中の北海道では，エコツーリズム（エコツアー）とよばれる考えが，近年注目されている。エコツーリズムとはどのような考えか，北海道の豊かな自然環境に着目し，「**学習**」という語句を用いて，簡潔に書け。 〈6点〉

(5) 地図中の**X**は北緯40度の緯線を示している。この緯線が通っている国を，次の**ア～エ**から１つ選び，記号と国名を答えよ。 〈完答3点〉

　記号 ▢▢▢　 ▢▢▢

 **ア** 東経15°　 **イ** 0°　**ウ** 東経150°　 **エ** 西経45°

※縮尺は同じではない。

2 右の略年表を見て，次の問いに答えよ。

(1) 略年表中の時代の政治について述べた次の**ア〜エ**のできごとを，年代の古い順に並べよ。

〈完答3点〉

$\boxed{} \rightarrow \boxed{} \rightarrow \boxed{} \rightarrow \boxed{}$

時代区分	で き ご と
古代	大化の改新が行われる。 藤原氏が**a**摂関政治を行う。
中世	**b**鎌倉幕府，室町幕府の政治が行われる。 **c**北陸で大規模な一揆が起こる。 織田信長・豊臣秀吉の政治が行われる。
近世	松前藩が（ **d** ）との交易の窓口となる。 江戸幕府が政治改革を行う。 大政奉還が行われる。
近代	**e**明治政府がさまざまな政策を行う。 大日本帝国憲法が発布される。 **f**日清戦争，**g**日露戦争が起こる。

- **ア** 将軍の補佐役として管領が置かれ，有力な守護大名が任命された。
- **イ** 朝廷を監視するために，京都に六波羅探題が置かれた。
- **ウ** 幕府の政治を担う役職として老中が置かれ，老中の上に大老が置かれることもあった。
- **エ** 律令に従って，中央に太政官など，地方に国司などを置くしくみがつくられた。

(2) 下線部**a**について，藤原氏がついた摂政とはどのような役職であったか，天皇の年齢と関連づけて，簡潔に書け。 〈6点〉

(3) 下線部**b**について，1232年に武士の慣習をまとめた御成敗式目（貞永式目）を制定した鎌倉幕府の執権はだれか，答えよ。 〈3点〉

(4) 下線部**c**について，この一揆は，仏教のある宗派を信仰することで結びついた武士や農民たちによるものだった。その宗派とは何か。最も適切なものを，次の**ア〜エ**から1つ選び，記号で答えよ。 〈3点〉

- **ア** 浄土宗
- **イ** 浄土真宗
- **ウ** 真言宗
- **エ** 天台宗

(5) （ **d** ）にあてはまる語句を，次の**ア〜エ**から1つ選び，記号で答えよ。 〈3点〉

- **ア** 朝鮮
- **イ** 琉球王国
- **ウ** オランダ
- **エ** 蝦夷地

(6) 下線部**e**について，右の**資料**は，明治政府が示した新しい政治の方針の一部を示している。この方針を何というか，答えよ。 〈3点〉

資料
- 一 広ク会議ヲ興シ万機公論ニ決スベシ
- 一 上下心ヲ一ニシテ盛ニ経綸ヲ行ウベシ
- 一 旧来ノ陋習ヲ破リ，天地ノ公道ニ基クベシ

(7) 下線部**f**が起こってから下線部**g**が起こるまでのできごととして，あてはまらないものを，次の**ア〜エ**から1つ選び，記号で答えよ。 〈3点〉

- **ア** 日英同盟が結ばれた。
- **イ** 義和団事件が起こった。
- **ウ** 辛亥革命が起こった。
- **エ** 三国干渉が起こった。

3 右の図を見て，次の問いに答えよ。

(1) 図中の衆議院の議員選挙は，現在，政党への投票と候補者への投票を組み合わせた制度で行われている。この制度を何というか，答えよ。 〈4点〉

```
┌─────────┐  内閣不信任の  ┌─────────┐
│  国　会  │  決議         │  内　閣  │
│ ┌─────┐ │ ━━━━━━━━▶  │ ┌─────┐ │
│ │衆 議 院│ │ ◀━━━━━━━━  │ │内閣総理大臣│ │
│ └─────┘ │ 衆議院解散の    │ └─────┘ │
│         │ 決定          │    │任免   │
│ ┌─────┐ │ 内閣総理大臣   │    ▼     │
│ │参 議 院│ │ の指名…A     │ ┌─────┐ │
│ └─────┘ │ ◀━━━━━━━━  │ │国務大臣│ │
│         │ 連帯責任       │ └─────┘ │
└─────────┘              └─────────┘
```

(2) 図中の参議院について述べた次の**X**，**Y**の文の正誤の組み合わせを，下の**ア～エ**から1つ選び，記号で答えよ。 〈4点〉

> **X** 議員の任期が短く解散があることから，予算の議決などでは優越が認められている。
>
> **Y** 衆議院よりも議員定数が少なく，被選挙権が与えられる年齢が高い。

ア **X**－正　**Y**－正　　**イ** **X**－正　**Y**－誤
ウ **X**－誤　**Y**－正　　**エ** **X**－誤　**Y**－誤

(3) 図中の内閣の仕事のうち，国会の承認が必要とされているものを，次の**ア～エ**から1つ選び，記号で答えよ。 〈4点〉
ア 閣議の開催　　　**イ** 条約の締結
ウ 国会召集の決定　**エ** 最高裁判所長官の指名

(4) 図中の**A**を行うために，衆議院解散による総選挙の後，30日以内に召集される国会を何というか，答えよ。 〈4点〉

4 次の親子の会話文を読んで，あとの問いに答えよ。

> 母：今月も少しだけど，消費以外にも将来に備えて貯蓄することができたわ。
> 子：いつも**A** わが家のお金をやりくりしてくれてありがとう。ところで，銀行に貯蓄したお金は，**B** 企業など資金を必要とするところへ貸し出されているんだよね。
> 母：そうだよ。わたしたち**C** 消費者が銀行などの金融機関を利用することで，社会全体の経済が流れているんだよ。

(1) 下線部**A**について，このような家庭の経済活動のことを何というか，答えよ。 〈4点〉

(2) 下線部**B**の企業のうち，私企業に対し，利潤を求めることを目的としない企業を何というか，答えよ。 〈4点〉

(3) 下線部**C**の消費者が欠陥商品により被害を受けたときの企業の責任について定めた法律として，適切なものを，次の**ア～エ**から1つ選び，記号で答えよ。 〈4点〉
ア 消費者契約法　　**イ** 製造物責任法
ウ 消費者基本法　　**エ** 独占禁止法

5 右の地図を見て，次の問いに答えよ。

(1) 地図中の**A ～ D**の国のうち，公用語と信仰されているおもな宗教が同じ国がある。その国の組み合わせは，次の**ア～カ**のどれか。1つ選び，記号で答えよ。また，信仰されているおもな宗教の名称を答えよ。

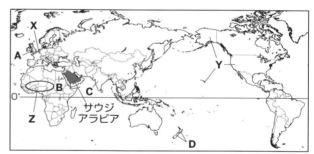

ア　A・B　　**イ　A・C**
ウ　B・C　　**エ　B・D**
オ　A・D　　**カ　C・D**

〈完答4点〉

記号		名称	

(2) 地図中のサウジアラビアなど，西アジアの多くの国が加盟している石油輸出国機構の略称を，**アルファベット4字**で答えよ。　　〈4点〉

(3) 地図中の**X**の国は，江戸時代に鎖国体制下においてもわが国と貿易を認められていたヨーロッパ唯一の国である。この国が貿易を許された理由を，**Xの国名を明らかにして**，簡潔に書け。

〈8点〉

(4) 地図中の**Y**の国とわが国に関係する次の**ア～エ**のできごとを，年代の古い順に並べよ。
　ア　日本が真珠湾を攻撃し，太平洋戦争が始まった。　　〈完答4点〉
　イ　**Y**の国の仲介で，ポーツマス条約が結ばれた。
　ウ　日本と**Y**の国との間で安全保障条約が結ばれた。
　エ　**Y**の国の使節ペリーが軍艦で浦賀に来航した。

□ → □ → □ → □

(5) 次の**資料Ⅰ**は，地図中の**Z**の地域で行われている取り組みをまとめたものである。**資料Ⅰ**のような取り組みが行われている理由を，**資料Ⅱ**から読み取れる内容をふまえて，簡潔に書け。

〈10点〉

資料Ⅰ

　Zの地域に位置するニジェールでは，生ごみを利用して緑化を進める取り組みが行われている。家庭から出た生ごみには，植物の生育に必要な栄養が多く含まれており，草地を増やすとともに，やせた土壌の質を高めるねらいがある。

資料Ⅱ　**Z**の地域の農業による影響

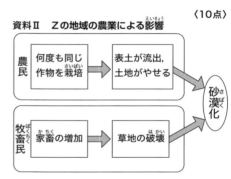

【出典の補足】
2022年埼玉県…p.78大問7
2021年埼玉県…p.11大問12(1)，p.22大問5，p.29大問2(1)，p.86大問3
2020年埼玉県…p.53大問2
2012年埼玉県…p.41大問1

世界の諸地域

入試問題で実力チェック！　→本冊P.5

1 イ

2 東南アジア諸国連合（ASEAN）

3 あ：ガンジス川　い：綿花

4 (1)フィヨルド

(2)（例）パスポートなしで国境を自由に通過することができるようになった。

5 イ

6 (1)モノカルチャー経済

(2)（例）かつて，アフリカの大部分を植民地にしたヨーロッパの国々が緯線や経線を使って引いた境界線を，現在も国境線として使っているから。

7 (1)企業　(2)ア

8 シリコンバレー

9 アマゾン川

10 ウ

11 アフリカ州：イ　ヨーロッパ州：ウ

12 イ

解説

1 1970年代末から2015年まで「一人っ子政策」が行われていたことや，<u>経済特区</u>が設けられたことから中国があてはまる。

2 <u>東南アジア諸国連合〔ASEAN〕</u>には，2023年現在，東南アジアの10か国が加盟し，地域間の結びつきを強化している。

3 地方によって気候が異なる南アジアでは，それぞれの自然環境をいかした農業が行われている。降水量の多いガンジス川流域では米の栽培，降水量が少なく，乾燥しているインダス川流域では小麦の栽培がさかんである。また，デカン高原では古くから綿花の栽培がさかんで，生産された綿花は世界各地に輸出されている。

4 (1)ヨーロッパ州北部にあるスカンディナビア半島には，氷河によってけずられた谷に海

水が深く入りこんだ<u>フィヨルド</u>とよばれる地形がみられる。

> **POINT**
>
> フィヨルドは氷河によってけずられた地形，<u>リアス海岸</u>は河川の侵食によってできた谷に海水が入りこんでできた地形である。

(2)<u>EU〔ヨーロッパ連合〕</u>は1993年にヨーロッパの国々の政治的・経済的な結びつきを強めるために結成された地域統合組織で，2023年現在，27か国が加盟している。多くの国で共通通貨<u>ユーロ</u>が導入されているほか，加盟国間の貿易品には関税がかからず，多くの加盟国間ではパスポートなしに国境を通過することができる。そのため，国境を越えた人やものの移動が活発になっている。

5 イのデンマークやオランダなどの北海沿岸の地域やアルプス山脈周辺の冷涼な地域では，<u>酪農</u>がさかんに行われている。アの<u>混合農業</u>は小麦やライ麦などの穀物の栽培と豚や牛などの家畜の飼育を組み合わせた農業。ウの<u>地中海式農業</u>は，降水量が少なく乾燥する夏にオリーブやぶどう，降水量が多い冬に小麦などを栽培する農業。エのドイツはヨーロッパ連合〔EU〕最大の工業国で，最大の農業国はフランス。また，世界一の小麦輸出国はロシア連邦である（2020年）。

6 (1)<u>モノカルチャー経済</u>とは，国が特定の農作物や鉱産資源の輸出にたよる経済のことで，アフリカ州や南アメリカ州の国で多くみられる。モノカルチャー経済の国は，気候や国際価格の変動によって，輸出による収入が大きく増減することから，国の財政が不安定になりやすい。

(2)直線的な国境線は，緯線や経線を利用して人工的に引かれている。アフリカ州の多くの国は，かつてヨーロッパ州の国々の植民地となっており，民族の分布を無視して国境線が引かれたことから，民族紛争の原因にもなっている。

7 (1)アメリカでは，広大な農地を，大型機械を利用して，少ない労働力で耕作する<u>企業的な農業</u>が各地で行われている。

(2)ロッキー山脈の東側から，<u>グレートプレーンズ</u>とよばれる大平原，<u>プレーリー</u>とよばれる大草原，<u>ミシシッピ川</u>が流れる<u>中央平原</u>が順に広がっている。

8 サンフランシスコ近郊にある<u>シリコンバレー</u>には，多くのICT関連企業が集中している。

9 南アメリカ州の赤道付近を流れる<u>アマゾン川</u>の流域では，耕地や牧場を広げるために開発が進んでおり，熱帯雨林の破壊が問題となっている。

10 オーストラリアはかつてイギリスの植民地だったため，1960年の貿易相手国はイギリスの割合が最も高かったことや，近年はアジア州の国との貿易がさかんになっていることから，Ⅰが1960年，Ⅱが2016年である。輸出品の割合は，1960年では羊毛・小麦などの農産物が多く占めていたが，近年では鉄鉱石・石炭などの鉱産資源が主要品目となっていることから，Ⅲが2016年，Ⅳが1960年である。

11 世界の人口に占める割合が最も多い**ア**はアジア州だとわかる。**イ**～**エ**のうち，1960年から2020年にかけて割合が上昇している**イ**は，発展途上国の多くで近年人口が増加しているアフリカ州，1960年から2020年にかけて割合が減少している**ウ**は，先進国の多くで少子高齢化が進むヨーロッパ州，残った**エ**は北アメリカ州である。

12 国内総生産（GDP）が最も多い**エ**はアメリカ合衆国，輸出額が最も多く，国内総生産（GDP）がアメリカに次いで2番目に多い**ウ**はEUである。**ア**と**イ**を比べたとき，輸出額，国内総生産（GDP）がどちらも**イ**の方が多いので**イ**が中国，**ア**がASEANだと判断する。

入試問題で実力チェック！ ➡本冊P.9

1 フォッサマグナ　　**2** ウ

3 (1)750m

(2)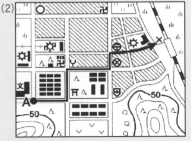

4 温(帯)　　**5** ウ

6 ハザードマップ〔防災マップ，防災地図〕

7 イ　　**8** イ→ウ→ア

9 三重県

10 (1)扇状地　　(2)ア

11 (例)長さが短く，流れが急であるという特徴。

12 (例)暖流と寒流がぶつかる場所だから。〔潮境（潮目）となっているから。〕

13 (1)ウ　　(2)三角州

(3)エ

解説

1 <u>フォッサマグナ</u>は，日本アルプス（飛驒山脈・木曽山脈・赤石山脈）の東側にある，日本列島を大きく東と西に分ける大地溝帯で，ここを境に山地・山脈は東側ではほぼ南北方向に，西側ではほぼ東西方向に並んでいる。

2 **ア**の石狩川は北海道地方，**イ**の淀川は近畿地方，**エ**の木曽川は中部地方を流れる川である。

3 (1)図は縮尺が2万5千分の1である地形図なので，地図上の3cmの距離は，実際には25000×3（cm）＝75000（cm）＝750（m）となる。

(2)地図は一般的に北を上にして描かれる。神社の地図記号は（卍）なので，手前の交差点を北に進む。すると消防署（Ｙ）の地図記号があるので，この手前で東に進むと警察署（⊗）の地図記号がある。警察署（⊗）と郵便局（〒）を経由し，工場（✿）の南側を通ってとあるので，警察署と郵便局の間の道路を進む。その後，駅の近くの派出所（✖）まで進めると完成する。

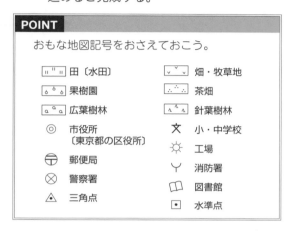

POINT

おもな地図記号をおさえておこう。

⊔⊔	田〔水田〕	∨∨	畑・牧草地
⬭	果樹園	⋮⋮	茶畑
⬭	広葉樹林	⋀⋀	針葉樹林
◎	市役所〔東京都の区役所〕	文	小・中学校
〒	郵便局	☼	工場
⊗	警察署	Ｙ	消防署
△	三角点	⬚	図書館
		⊡	水準点

4 日本列島の大部分は，四季があり，気温や降水量が季節によって変化する温帯に属している。また，北海道は冷帯〔亜寒帯〕，南西諸島は温帯と熱帯の特徴を合わせもった亜熱帯に属している。

POINT

日本の気候区分をおさえておこう。

▨	北海道の気候
■	日本海側の気候
▨	太平洋側の気候
▦	中央高地の気候
▨	瀬戸内の気候
■	南西諸島の気候

5 大阪市は，一年を通して降水量が少ない瀬戸内の気候に属しているので，ウがあてはまる。札幌市は冬の寒さがきびしい北海道の気候に属しているのでア，新潟市は冬の降水量が多い日本海側の気候に属しているので，冬の降水量が多いイ，鹿児島市は夏の降水量が多い太平洋側の気候に属しているので，エがあてはまる。

6 ハザードマップ〔防災マップ，防災地図〕は，防災情報を盛りこんだ地図で，洪水や津波，火山の噴火や土砂災害といった自然災害の被害が発生しやすい地域や予測される被害の大きさ，避難経路，避難場所などが示されている。

7 標識には波から人が逃げている様子が描かれている。2011年に発生した東日本大震災では，地震によって津波が発生し，特に東北地方の太平洋側に大きな被害をもたらした。

8 日本では，少子高齢化が進み，年代が進むにつれて高齢者の人口の割合が増加し，子どもの人口の割合が減少している。したがって，子どもの人口の割合が最も多いイが1935年，最も少ないアが2020年の人口ピラミッドである。

POINT

少子高齢化が進むにつれ，人口ピラミッドは富士山型→つりがね型→つぼ型へと変化する。

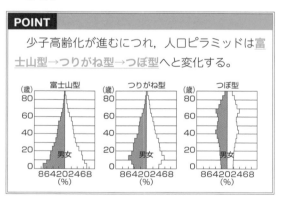

9 4府県の中で最も人口の多いＢは大阪府，次に多いＣは京都府である。残ったＡ・Ｄのうち，産業別人口に占める第2次産業人口の割合が高いＡは，石油化学工業がさかんな四日市市が中京工業地帯に含まれる三重県，残ったＤは和歌山県だとわかる。紀伊山地が連なる和歌山県では，過疎化が進んでいることから，老年人口の割合が最も高くなっている。

10 (1)地形図には，山側から扇形に広がったゆるやかな傾斜地がみられるので，扇状地であ

る。扇状地は水はけがよいため，果樹園に利用されていることが多い。

(2) **写真**は山間部が上側，平野部が下側にあることから，**ア**の方向から撮影したことがわかる。

11 南北に細長く，山がちな地形であるため，日本の川は，河口からの距離が短く，流れが急になる。

12 日本近海には，暖流の黒潮〔日本海流〕と対馬海流，寒流の親潮〔千島海流〕とリマン海流の４つの海流が流れている。三陸海岸の沿岸には，太平洋を流れる暖流の黒潮〔日本海流〕と寒流の親潮〔千島海流〕がぶつかる潮目〔潮境〕があり，魚のえさとなるプランクトンも豊富で，海流にのって多くの魚が集まる好漁場となっている。

13 (1) **A**の島根県の県庁所在地である松江市は，冬の降水量が多い日本海側の気候に属しているので，**Ⅱ**があてはまる。**C**の広島県の県庁所在地である広島市は，一年を通して比較的降水量が少ない瀬戸内の気候に属しているので，**Ⅰ**があてはまる。**F**の高知県の県庁所在地である高知市は，夏の降水量が多い太平洋側の気候に属しているので，**Ⅲ**があてはまる。

(2) 広島市の中心部は，太田川の河口付近の三角州に位置している。

POINT

扇状地と三角州のちがいをおさえておこう。

	三角州	扇状地
できる場所	川が海や湖に流れ出たところ（河口付近）	川が山から平野や盆地に流れ出たところ
おもな土地利用	水田，現在では住宅地や工場	果樹園や畑

(3) **ア**は，過疎地域の面積の割合が３番目に低い**C**県の総面積が最も大きいので誤り。**イ**は，過疎地域の面積の割合が最も低い**E**県の総人口が少ない方から３番目なので誤り。**ウ**は，総面積が２番目に大きい**A**県の65歳未満の人口が少ない方から２番目なので誤り。

地理編　でる順 **3**位　**日本の資源，産業**

入試問題で実力チェック！ →本冊P.13

1 地熱　2 エ

3 (1)促成（栽培）　(2)ウ

4 養殖業（養殖，養殖漁業）

5 (1)太平洋ベルト　(2)ア

(3)ウ→ア→イ

(4)(例)(企業が)**工場などの生産拠点を海外に移すことで，国内産業が衰退すること。**

6 名称：**中京工業地帯**　グラフ：**ウ**

7 ウ

8 ①：ア　②：ウ

9 (例)**日本はエネルギー自給率が低いため，資源を外国からの輸入にたよっている。**

10 果実の国内生産量：**イ**
　 果実の輸入量：**ウ**

11 オ

解説

1 **地図1**から，■が火山が多い東北地方や九州地方に分布していることが読み取れる。地熱発電は，火山活動で得られる高温の水や水蒸気を利用して，発電する。

POINT

日本のおもな発電所の立地条件をおさえておこう。

・火力発電所…原料である石油や石炭の輸送に便利で，工業地域や大都市に近い沿岸部。

・水力発電所…ダムが建設されている山間部。

・原子力発電所…都市部から離れた，冷却水を得やすい沿岸部。

・地熱発電所…火山が多い九州地方や東北地方など。

2 **イ**は原子力の割合が高いのでフランス，**ウ**は水力の割合が高いのでカナダだとわかる。残った**ア**と**エ**のうち，福島第一原子力発電所の事故の影響で原子力の割合が極端に低い**ア**は日本，**エ**がアメリカである。

3 (1) **A**の高知県に広がる高知平野では，温暖な気候をいかし，なすやピーマンの促成栽培

がさかんに行われている。

POINT

促成栽培は温暖な気候をいかして出荷時期を早める栽培方法，抑制栽培は冷涼な気候をいかして出荷時期を遅らせる栽培方法である。

(2)なしは千葉県や茨城県，栃木県などの関東地方の県で収穫量が多い。ぶどうやももはどちらも山梨県の生産量が多いことから**イ**か**エ**だとわかる。**イ**は上位に岡山県が入っていることからぶどう，**エ**は上位に福島県が入っていることからももだと判断する。**オ**は青森県が１位であることからりんごである。残った**ア**は洋なし。

POINT

おもな農産物の生産量上位３都道府県をおさえておこう。

・りんご……青森県，長野県，岩手県
・みかん……和歌山県，愛媛県，静岡県
・もも………山梨県，福島県，長野県
・ぶどう……山梨県，長野県，岡山県
・キャベツ…群馬県，愛知県，千葉県
・レタス……長野県，茨城県，群馬県
・ピーマン…茨城県，宮崎県，鹿児島県
・なす………高知県，熊本県，群馬県

(2021年産)（「日本国勢図会2023/24」による）

4 ある程度育てた稚魚や稚貝を，一度海や川に放流してからとる漁業を栽培漁業，魚を人工的に育ててとる漁業を養殖業（養殖，養殖漁業）といい，どちらも育てる漁業として近年注目されている。

5 (1)関東地方から九州地方北部の沿岸部では，原料や製品の輸送に便利なことから，太平洋ベルトが形成された。

(2)日本は加工貿易によって発展したことから，機械工業の割合が出荷額の約半分を占めている。

(3)日本では，第二次世界大戦の前から加工貿易が行われており，輸送に便利な臨海部に京浜，中京，阪神，北九州の４つの工業地帯が形成された。1970年代以降に高速道路が整備されると，輸送機械工業や電気機

械工業などの組み立て工場が内陸部に進出し，北関東などの新しい工業地域が形成されるようになった。1980年代以降は，外国製品との競争の中で貿易摩擦が生じ，製品の輸出先であるアメリカやヨーロッパで現地生産を始めるようになったことから，**ウ→ア→イ**となる。近年は，賃金の安い労働力と新たな市場を求めて，中国や東南アジアにも工場が進出している。

(4)賃金の安い中国や東南アジアなどへ多くの工場が移転したことで，国内の産業が衰退する産業の空洞化が進んだ。

6 愛知県豊田市は，日本最大の出荷額をほこる中京工業地帯の中心都市である。中京工業地帯では，自動車工業を中心とした機械工業がさかんであるため，グラフは機械工業の割合が最も高い**ウ**があてはまる。**ア**は瀬戸内工業地域，**イ**は京浜工業地帯，**エ**は阪神工業地帯の製造品出荷額等割合。

POINT

日本のおもな工業地帯・工業地域の製造品出荷額の内訳をおさえておこう。

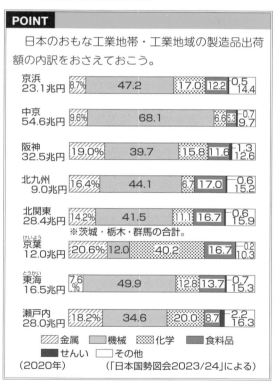

	金属	機械	化学	食料品	せんい	その他
京浜 23.1兆円	8.7%	47.2	17.0	12.2	0.5	14.4
中京 54.6兆円	9.6%	68.1	6.6	5.3	0.7	9.7
阪神 32.5兆円	19.0%	39.7	15.8	11.6	1.3	12.6
北九州 9.0兆円	16.4%	44.1	6.7	17.0	0.6	15.2
北関東 28.4兆円	14.2%	41.5	11.1	16.7	0.6	15.9
京葉 12.0兆円	20.6%	12.0	40.2	16.7	0.2	10.3
東海 16.5兆円	7.6%	49.9	12.8	13.7	0.7	15.3
瀬戸内 28.0兆円	18.2%	34.6	20.0	8.7	2.2	16.3

※茨城・栃木・群馬の合計。

(2020年) （「日本国勢図会2023/24」による）

7 表2から，第１次産業の割合が最も高い**ウ**が福岡県，第２次産業の割合が最も高い**イ**が愛知県，第３次産業の割合が最も高い**エ**が東京都，残った**ア**が大阪府と判断できる。また，グラフから，化学と金属製品の割合が高い**ア**

が大阪府，輸送用機械の割合が最も高い**イ**が愛知県，印刷の割合が高い**エ**が東京都，残る**ウ**が福岡県と判断することもできる。

8 **グラフ1**中の**X**は，就業者数が1950年から2000年にかけて増加していることから第3次産業，**Y**は第2次産業と判断できる。第2次産業には，鉱工業，建設業などが含まれる。

POINT

産業の分類についておさえておこう。

・**第1次産業**…農業，漁業，林業

・**第2次産業**…鉱工業，建設業など

・**第3次産業**…商業，サービス業，観光業，保険業，金融業，教育業など

---

9 **表3**から，日本は，他の国と比べてエネルギー自給率が著しく低いことが読み取れる。鉱産資源が少ない日本は，エネルギー資源を外国からの輸入にたよっているため，電気やガスの料金が，世界情勢の影響を受けやすい。

10 食料自給率とは，国内で消費した農産物に対する，国内で生産した農産物の割合のことで，100％に満たない分は，外国からの輸入でまかなっている。**グラフ2**より，果実の自給率が1990〜2000年度の間に50％を下回っている点に着目する。また，**グラフ3**から，1990〜2000年度の間に上下が逆転している**イ**と**ウ**のうち，上回った**ウ**が果実の輸入量，下回った**イ**が果実の国内生産量と判断する。**ア**は野菜の国内生産量，**エ**は野菜の輸入量である。

11 **P**は，大阪府の額が最も多い点から商品販売額，**R**は，阪神工業地帯を形成する大阪府や兵庫県の額が多いことから工業生産額と判断できる。残る**Q**が農業産出額である。

世界と日本の姿

入試問題で実力チェック！ →本冊**P.17**

1 **イ**　　**2** **エ**

3 (1)**太平洋**　(2)**南極（大陸）**

4 **エ**　　**5** **東経15度**

6 (1)**本初子午線**

　　(2)**1（月）2（日）午前1（時）**

7 **排他的経済水域**　　**8** **ウ**

9 語句：**北方領土**　位置：**B**

10 **ウ**　　**11** **ア**

12 **福島（県）**

13 (1)**エ**　(2)**エ**

14 **ウ**　　**15** **エ**

16 （例）**干潮時の海岸線から12海里までの範囲。**

解説

1 地球は「水の惑星」とよばれるように海の部分が多く，海の面積は，陸地の面積の2倍以上ある。

2 世界には太平洋，大西洋，インド洋の3つの大きな海洋があり，すべての海洋に面している大陸はユーラシア大陸と南極大陸である。**ア**のアフリカ大陸は太平洋に，**イ**の北アメリカ大陸と**ウ**の南アメリカ大陸はインド洋に，**オ**のオーストラリア大陸は大西洋に面していない。ユーラシア大陸は，西で大西洋，東で太平洋，南でインド洋に面している。

3 (1)ハワイ島は太平洋上に位置する島である。

(2)世界には，ユーラシア大陸，アフリカ大陸，北アメリカ大陸，南アメリカ大陸，オーストラリア大陸，南極大陸の6つの大陸がある。

4 本初子午線は0度の経線，赤道は0度の緯線である。経度は本初子午線を基準に東西に180度ずつ，緯度は赤道を基準に南北に90度ずつ分かれている。⒜は本初子午線，⒝は東経25度の経線，⒞は東経50度の経線，⒟は北回帰線，⒠は赤道，⒡は南回帰線を示している。アフリカ大陸では，本初子午線はガーナなど，赤道はビクトリア湖などを通っ

ていて，ギニア湾上で交わっている。

5 日本の標準時が午後5時のとき，パリの時刻が午前9時で，日本の方が時刻が進んでいることから，時差は8時間あることがわかる。経度15度で1時間の時差が生じることから，日本とフランスの経度差は，8（時間）×15（度）＝120（度）となる。135（度）－120（度）＝15（度）であることから，パリの標準時の基準は東経15度だとわかる。

POINT

経度差15度につき，1時間の時差が生じる。

2地点間の経度差÷15で時差を求めることができる。

---

6 (1)**地図3**中のAはイギリスで，Pはイギリスの首都ロンドンである。0度の経線を本初子午線といい，イギリスのロンドン郊外にある旧グリニッジ天文台を通る。

(2)ルーマニアの標準時は東経30度の経線を基準とするので，ロンドンとの経度差は30度となる。よって，時差は30（度）÷15＝2（時間）生じており，ルーマニアの方が東に位置していることから2時間時刻が進んでいることがわかる。時刻は，日付変更線の西側に近いほど進んでいる。日付変更線は180度の経線にほぼ沿って引かれている。

7 国家の主権がおよぶ範囲を領域という。領域は，陸地である領土，領土の海岸線から12海里までの海域である領海，領土と領海の上空である領空の3つからなる。また，領海の外側で，海岸線から200海里（約370km）までの海域を排他的経済水域といい，範囲内の鉱産資源や水産資源は沿岸国のものとされる。周りを海で囲まれた島国〔海洋国〕である日本は，領海と排他的経済水域を合わせた面積が広く，国土面積の10倍以上になる。そのため，日本の南端の沖ノ鳥島では，排他的経済水域の縮小を防ぐため，島が波の侵食などで水没しないように，約300億円かけて護岸工事が行われた。

8 アの択捉島は日本の北端，イの沖ノ鳥島は南端，エの与那国島は西端に位置する島である。

POINT

日本の端の島の位置と名前をおさえておこう。

・日本の北端…択捉島（北海道）

・日本の西端…与那国島（沖縄県）

・日本の東端…南鳥島（東京都）

・日本の南端…沖ノ鳥島（東京都）

---

9 日本の北端に位置する択捉島と，国後島，色丹島，歯舞群島はまとめて北方領土とよばれ，日本固有の領土であるが，ロシア連邦が不法に占領している。日本は現在もロシア連邦と返還交渉を行っている。

10 領海と排他的経済水域の合計の面積は，海岸線が長い国ほど広くなる。周りを海に囲まれたインドネシアやオーストラリアに比べ，東岸しか海に面していないブラジルは，国土面積に対して領海と排他的経済水域の合計の面積は小さくなるのでウがあてはまる。また，国土面積の広さから，最も大きいアはアメリカ合衆国，最も小さいイはインドネシア，残ったエはオーストラリアだと判断する。

11 Aは宮城県，Bは石川県である。神戸市は兵庫県の県庁所在地，前橋市は群馬県の県庁所在地。

12 東北地方に属する県は，青森県，秋田県，岩手県，山形県，宮城県，福島県の6つで，関東地方に接するのは福島県のみである。

13 (1)中心からの距離と方位が正しく描かれた地図を，正距方位図という。ロンドンから見て，上が北になるので，東京の方位は北東となる。

(2)正距方位図では，中心から離れるほど，距離が遠いことを示しているので，10,000kmの円の内側にあるAと，外側にあるBでは，Bの方が遠いことがわかる。Bは赤道よりも南に位置するため，南半球の都市だとわかる。

14 aについて，**地図7**からリマは長崎の北東に位置していることが読み取れるため誤り。bについて，リマは15,000kmの円の外側，ナイロビは15,000kmの円の内側に位置しているので正しい。

15 日本の排他的経済水域は，東西南北の端に位

置する島の周辺にも設定されているので，**エ**があてはまる。**ア**は南端，北端，西端の排他的経済水域が描かれていないので誤り，**イ**は南端と西端の排他的経済水域が描かれていないので誤り，**ウ**は北端の排他的経済水域が描かれていないので誤り。

16 1海里は1852mなので，日本の領海は海岸線から約22kmまでになる。

> **POINT**
> 領海は海岸線から<u>12海里</u>までの海域，排他的経済水域は，領海を除く，海岸線から<u>200海里</u>までの海域。

地理編
でる順 5位

世界各地の生活と文化

入試問題で実力チェック！ →本冊**P.21**

1 熱帯

2 (1)**ウ**
　(2)P：**D** Q：**B** R：**C** S：**A**

3 (1)**エ** (2)**イ**

4 (1)(例)**草や水を求めて家畜とともに移動**
　(2)**ア**

5 記号：**ウ**
　理由：(例)**6月から9月の気温が高く，気温の高い月に降水量が少ないから。**

6 **イ**

7 **イ，エ**(順不同)

8 (1)**ア** (2)**イ**

解説

1 <u>熱帯</u>に含まれる地域は，アフリカ大陸の中央部や，東南アジア，南アメリカ大陸の北部など，赤道付近でみられる。

2 (1)ロシア連邦の東部に位置する**X**のシベリアは冷帯（亜寒帯）に含まれ，タイガとよばれる針葉樹林が広がっている。**ア**の岩石砂漠が広がるのは乾燥帯，**イ**のマングローブ林が広がるのは熱帯，**エ**のツンドラという草原が広がるのは寒帯に含まれる地域である。

> **POINT**
> 5つの気候帯の特徴をおさえておこう。
>
> | 気候帯 | 特徴 |
> |---|---|
> | 熱帯 | 熱帯雨林やマングローブが広がる。 |
> | 乾燥帯 | 砂漠やステップとよばれる丈の短い草原が広がる。 |
> | 温帯 | 四季の変化がはっきりしている。 |
> | 冷帯〔亜寒帯〕 | タイガとよばれる針葉樹林が広がる。 |
> | 寒帯 | 一年中寒さが厳しい。 |

(2)**P**は夏に雨が少なく，冬に雨が多いことや，比較的温暖であることから，温帯の地中海性気候に含まれる**D**（マドリード），**Q**は6～8月にかけての気温が低いことから，南半球に位置する**B**（シドニー），**R**は年平均気温が低く，夏と冬の気温差が大きいことから，冷帯〔亜寒帯〕に含まれる**C**（モスクワ），**S**は一年を通して気温が高く，降水量が多い雨季と少ない乾季がみられることから，熱帯のサバナ気候に属する**A**（ブラジリア）である。

3 (1)**X**は赤道に近いパプアニューギニア。熱帯に含まれ，一年を通して蒸し暑いため，伝統的な住居は身近な材料である木材を使ったもので，湿気を防ぐために高床式になっている。**ア**は乾燥帯，**イ**はアンデスの高地のチチカカ湖周辺などでみられる住居。**ウ**は乾燥した地域でみられる遊牧民の住居。

(2)南北アメリカ大陸では，<u>キリスト教</u>を信仰する人が最も多い。**ア**の<u>イスラム教</u>は西アジアや北アフリカ，中央アジア，東南アジアなどに信者が多い。**ウ**の<u>ヒンドゥー教</u>はインドの民族宗教。**エ**の仏教は東南アジアや東アジアに信者が多い。

4 (1)**図1**はモンゴルでみられるゲルとよばれる移動式の住居である。<u>遊牧</u>とは，家畜のえさとなる草や水のあるところに移動しながら行う牧畜のこと。そのため，遊牧民の住居は，移動に便利な組み立て式になっている。

(2)イスラム教の信者が多い**X**のイランでは，

①のような衣服を着て，肌や頭髪をかくしている女性が多い。②のチマ・チョゴリはＹの朝鮮半島でみられる女性の民族衣装である。Ｚのアメリカ合衆国のアラスカ州の北極海沿岸などは寒帯に含まれる地域で，寒さから身を守るため，先住民は動物の毛皮を加工した③のような衣服を着ることが多い。

5　アのグラフは，６〜９月の気温が低いことから，南半球に位置するパースだとわかる。温帯の地中海性気候は，夏の降水量が少ないことから，ウがサンフランシスコのグラフである。イは温帯の西岸海洋性気候に含まれるパリ。

6　冷帯〔亜寒帯〕は，南半球には分布していないことから，アフリカ大陸，南アメリカ大陸，オーストラリア大陸の割合が0％となっているイがあてはまる。アフリカ大陸とオーストラリア大陸の割合が高いアは乾燥帯，赤道が通っているアフリカ大陸と南アメリカ大陸の割合が高いウは熱帯，南極大陸が100％であるエは寒帯，残ったオが温帯である。

7　イスラム教は，北アフリカから中央アジア，東南アジアなどで信仰されている宗教で，サウジアラビアのメッカを聖地とし，教典は「コーラン」である。１日５回メッカに向かって礼拝をささげることや豚肉は食べないこと，女性は肌や頭髪をかくすことなどのきまりがある。アはキリスト教，ウはヒンドゥー教について述べたものである。

8　(1)４つのグラフのうち，一年を通して降水量がほとんどないウは，乾燥帯に含まれるカイロ，一年を通して平均気温が20度以上あるエは，熱帯に含まれるリオデジャネイロ。アとイを比べたとき，一年を通して降水量が少ないアは，温帯の西岸海洋性気候に含まれるロンドン，イは温帯の温暖湿潤気候に含まれる東京である。

(2)地図6中にＸで示されたアンデス山脈周辺のペルーやボリビアは，赤道付近に位置するものの，標高が高いことから，高山気候に含まれている。標高4000mを超える地域では，気温が低く作物が育たないため，リャマやアルパカの放牧が行われている。

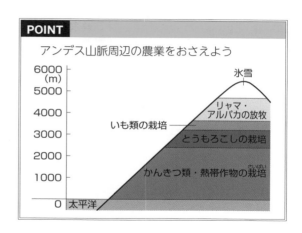

POINT

アンデス山脈周辺の農業をおさえよう

6000(m)　氷雪
5000
4000　リャマ・アルパカの放牧
いも類の栽培　3000
2000　とうもろこしの栽培
1000
かんきつ類・熱帯作物の栽培
0　太平洋

地理編

でる順 **6位**　**日本の交通・貿易**

入試問題で実力チェック！　→本冊P.25

1 ウ　　2 加工
3 成田国際空港：Ａ　名古屋港：Ｃ
4 ウ　　5 イ
6 ウ　　7 イ
8 イ　　9 ア
10 Ａ
11 航空機：Ａ
　理由：(例)電子部品などの軽量の品目を運んでいるから。
12 Ｐ：(例)船と鉄道は，同じ輸送量に対するエネルギー消費量が少ない
　Ｑ：(例)二酸化炭素の排出を削減することができる

解説

1　成田国際空港では航空輸送が行われている。航空輸送は，集積回路〔IC〕や電子部品などの小型で軽量で高価な製品や精密機械の輸送に利用される。

2　日本は，外国から原料を輸入し，製品に加工して輸出する加工貿易を行い，工業を発展させてきた。近年は，工場を外国に移転する企業も増えており，外国で生産された工業製品の輸入も増えている。

3　輸入額の１位であるＡは，輸入の１位の品目

が通信機であることから，日本最大の貿易港である成田国際空港があてはまる。輸出額の1位であるCは，輸入の1位の品目が液化ガスであること，輸出の1位の品目が自動車であることから，自動車工業がさかんな中京工業地帯に位置する名古屋港である。Bは東京港，Dは関西国際空港。

4 国際線の旅客輸送が最も多いエは，成田国際空港が位置する千葉県，国内線の旅客輸送が最も多いアは，東京国際空港〔羽田空港〕が位置する東京都である。製造品出荷額が最も多いウは，阪神工業地帯が広がる大阪府，残ったイは沖縄県である。

> **POINT**
>
> 貿易額が日本最大の貿易港は，千葉県にある成田国際空港。国内線航空旅客輸送が最も多いのは東京都にある東京国際空港〔羽田空港〕。

5 ストロー現象は，水がストローで吸い上げられるように，交通網の整備により，通勤客や買い物客が大都市に吸い寄せられる現象，ドーナツ化現象は，地価の高騰などによって，都心を離れて郊外に移住する人が増える現象のことである。

6 アは，世界遺産登録数が最も多いことから，かつて都が置かれ，多くの文化財が残されている奈良県。イは新幹線の駅の数が0であるが，空港の数が多いことから，離島が多い沖縄県。ウとエを比べて，世界遺産登録数と空港の数がどちらも0であるエが神奈川県，ウは北海道である。

7 アは，まぐろやカカオ豆の輸出割合が大きいことから，ギニア湾に面しているコートジボワール。イは，乗用車や医薬品の輸出割合が高いことから，ヨーロッパ最大の工業国であるドイツ。ウは輸出品目の中にバナナが含まれていることから，バナナの世界的な生産地であるフィリピン。エは日本への輸出額が4つの中で最も大きいことから，日本にとって最大の貿易相手国である中国。

8 1960年は加工貿易がさかんに行われていたことから，せんい品の割合が高いアは1960年の輸出品目，せんい原料や石油の割合が高いウは1960年の輸入品目だとわかる。イとエを比べると，石油や液化ガスの割合が高い

ことから，イは2020年の輸入品目，エは2020年の輸出品目となる。

9 地図で示されているのは北海道，新潟県，大阪府，鹿児島県の4つである。Ⅰは東京都からの旅客輸送数が，大阪府との間で最も多いので，鉄道である。よってⅡは航空である。A～Cのうち，宿泊旅行者が最も多いAは，夏の涼しい気候や豊かな自然をいかした観光業がさかんな北海道，東京都からの旅客輸送数が鉄道より航空が多いBは鹿児島県，残ったCは新潟県である。

10 Aは1960年の輸入割合が最も高いことから，アメリカ合衆国を含む北アメリカ州。Cは2000年以降，割合が50%を超えていることから，中国や韓国，東南アジアの国々を含むアジア州である。Bはヨーロッパ州，Dはオセアニア州。

11 あ・いの輸出額上位品目は，精密機器である半導体等製造装置や，小型で軽量な半導体等電子部品などであることから航空輸送を行う航空機，う・えの輸出額上位品目は自動車や原動機（内燃機関など）などの重い製品であることから，Bは海上輸送を行う船舶だと判断できる。

> **POINT**
>
> 航空輸送は，小型で軽量で高価な製品や精密機器の輸送，海上輸送は重くて大きい製品を一度に大量に運ぶ輸送に利用される。

12 グラフ2から，輸送量では自動車の割合が最も高いこと，エネルギー消費量では自動車が9割以上を占めており，輸送量のわりに鉄道や船のエネルギー消費量の割合は低いことが読み取れる。モーダルシフトは，貨物輸送において，エネルギー消費量の少ない船や鉄道を利用することで，二酸化炭素の排出量を少なくするための取り組みである。

日本の諸地域

入試問題で実力チェック！ →本冊P.29

1 (1)エ　(2)シラス台地

(3)（例）**入荷量が少なく，価格が高い時期に出荷できる。**

2 (1)イ

(2)（例）**湿った季節風（モンスーン）が，中国山地や四国山地にさえぎられるため。**

3 (1)琵琶湖

(2)記号：**A**　府県名：**兵庫県**

(3)**エ**

(4)（例）**景観を保護する**

4 (1)リアス海岸　(2)施設園芸農業

(3)**オ**

5 ア

6 (1)（例）**東北地方の太平洋側で夏に北東から吹く冷たい風。**

(2)**エ**

7 地域：**C**　説明：**イ**

解説

1 (1)九州には，阿蘇山，桜島，雲仙岳をはじめ多くの火山があるため，地熱発電がさかんである。特に，大分県の八丁原発電所は，日本最大の地熱発電量をほこる。

(2)シラス台地は，火山の噴出物からできた台地で，鹿児島県から宮崎県南部にかけて広く分布している。シラス台地は水持ちが悪いため，昔から乾燥に強いさつまいもなどが栽培されてきた。現在では，かんがい設備が整い，茶の生産もさかんである。また，鹿児島県や宮崎県では畜産もさかんで，「かごしま黒豚」や「宮崎牛」がブランド肉として，生産されている。

(3)促成栽培は，野菜をビニールハウスなどで生産し，出荷時期を早める栽培方法で，宮崎平野や高知平野でさかんに行われている。グラフ1から，Bの宮崎県からの入荷量は，その他の道府県や関東地方の入荷量が少ない1月から3月にかけて特に多いことが読み取れる。

POINT

促成栽培や抑制栽培では，出荷時期をずらすことで，他の産地の出荷量が少ない時期に高い値段で作物を販売することができる。

2 (1)X～Zのうち，人口が最も多いXは，中国・四国地方の地方中枢都市である広島市がある広島県だと判断できる。また，Zは果実の産出額が4県の中で最も多く，工業出荷額も広島県に次いで2番目に多いことから，みかんの生産がさかんで，瀬戸内工業地域に含まれる愛媛県である。野菜の産出額が4県の中で最も多いYは，高知平野で促成栽培がさかんな高知県である。

(2)愛媛県や香川県などの瀬戸内海の沿岸部は，瀬戸内の気候に含まれている。この地域では，夏の季節風が四国山地に，冬の季節風が中国山地にさえぎられることから，年間を通して降水量が少ない。そのため香川県では，水不足になりやすく，農業用の水をたくわえるため池が各地につくられた。

3 (1)琵琶湖は近畿地方に住む人々の生活用水を供給している。

(2)兵庫県は，北は日本海，南は瀬戸内海に面している。

(3)Xについて，大阪は江戸時代に「天下の台所」とよばれていたので誤り。「将軍のおひざもと」とよばれていたのは江戸である。Yについて，自動車関連工場が集まり，日本最大の工業出荷額をほこっているのは中京工業地帯なので誤り。

(4)京都には，794年に平安京がつくられてから，1000年以上都が置かれていた。そのため，歴史的な寺院や神社が数多くあり，文化財に指定されている建物も多い。京都市では，景観条例を出し，歴史的な町並みを保全しようとしている。

4 (1)Xの若狭湾には，小さな岬と入り江が連続する入り組んだ海岸であるリアス海岸がみられる。

(2)中部地方の太平洋側は冬でも温暖な気候であるため，ガラスの温室やビニールハウスを用いて菊やガーベラなどの切り花，いちごやメロンなどの栽培を行っている。この

ような農業を，施設園芸農業という。

(3) **a** は化学の割合が大きいことから，石油化学コンビナートが建設されている京葉工業地域。**b** は機械の割合が6割を超えていることから，自動車工業がさかんな中京工業地帯。残った **c** は北関東工業地域である。

5 1980年代後半，都市部の人口集中によって住宅が不足したため，郊外にニュータウンがつくられた。しかし，1990年代になると，地価が下がり，臨海部に高層マンションが多くつくられたことで，再び都心への人口が増加した。よって，**グラフ3** において，1995年以降に人口が増加している Ⅰ が中央区，Ⅱ が多摩市である。多摩市には多摩ニュータウンがつくられている。現在，ニュータウンの高齢化やマンションの建て替えなどが課題となっていることから，**表2** においては，65歳以上の割合が高い Ⅳ が多摩市，Ⅲ が中央区である。

6 (1) **資料1**，**資料2** から，1993年の夏の月別の平均気温が，30年間の平均気温より低いことが読み取れる。やませは，東北地方の太平洋側で夏に北東から吹く冷たい風のことで，この風が吹くと，くもりや霧の日が多くなり，日照時間が不足し，気温が低下する。

(2) 東北地方は，日本有数の米の生産地で，各県で銘柄米の開発が進められてきた。しかし，やませの影響で気温が下がると，稲が十分に育たずに，収穫量が減少する冷害が発生することがある。

7 十勝平野は北海道の南東部に広がる平野で，日本最大の畑作地帯となっている。アの稲作を中心とした農業が行われているのは，**B** の地域に広がる石狩平野。ウの酪農を中心とした農業が行われているのは **D** の地域に位置する根釧台地。

POINT

石狩平野では稲作，十勝平野では畑作，根釧台地では酪農がさかんである。

でる順 1位 **近代日本のあゆみ**

入試問題で実力チェック！ →本冊P.33

1 (1) A：人権宣言（フランス人権宣言）
   B：イギリス
(2) イ

2 (1) エ　(2) 下田，函館（順不同）
(3) エ　(4) イ→ア→ウ
(5) 学制

3 太陽暦

4 （例）地価を基準にして税をかけ，土地の所有者が現金で税を納める

5 廃藩置県　　6 富岡製糸場

7 学問のすゝめ

8 (1) ア　(2) 大久保利通
(3) エ
(4)（例）不平等条約を改正すること。

9 (1) 自由民権運動　(2) ア
(3) 伊藤博文
(4) a：15　b：25　c：男子（男性）

10 (1) ア
(2) 記号：エ　国名：ロシア
(3)（例）日清戦争と比べて死者や戦費が増えたが，賠償金が得られなかったから。
(4) ア

解説

1 (1) **A** フランスの人権宣言は，近代の人権確立の基礎となった。
B ワットが蒸気機関を改良したことで，工業の動力や蒸気機関車などの交通機関が大きく発展した。

(2) 18世紀末から19世紀前半にかけてイギリス，インド，清の三国間で行われた貿易を三角貿易という。イギリスは自国で生産した綿製品を植民地であるインドに輸出し，インドで栽培したアヘンを清へ輸出した。そして，清からは茶などを輸入していた。やがて，中毒性のあるアヘンの輸入を清が禁止したため，三角貿易が成立しなくなり，イギリスと清とのアヘン戦争へと発展した。

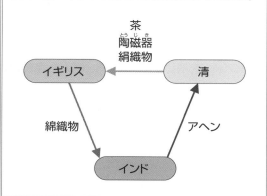

POINT

18世紀末から19世紀前半に行われていたイギリス・清・インドによる三角貿易をおさえよう。

生じていた。そのため，明治政府は<u>地租改正</u>を行い，土地の所有者に地券を発行し，地価の３％（のち2.5％）を現金で納めさせるようにした。毎年決まった金額を納めさせることで，政府の財政が安定するようになった。

POINT

地租改正による変化をおさえよう。

改正前		改正後
収穫高	課税対象	地価
耕作者	納税者	土地所有者
米	納税方法	現金

2 (1)アメリカ合衆国から派遣された<u>ペリー</u>は神奈川県の<u>浦賀</u>に来航した。

(2)1854年に結ばれた<u>日米和親条約</u>にもとづき，アメリカ船に食料や燃料を補給するため，<u>下田</u>（静岡県）と<u>函館</u>（北海道）を開港した。

(3)**ア**の大久保利通は薩摩藩，**ウ**の木戸孝允は長州藩の中心人物であり，後の明治政府でも中心となった。**イ**の岩倉具視は公家出身である。<u>薩長同盟</u>は，薩摩藩と長州藩が結んだ同盟。<u>薩英戦争</u>と<u>四国艦隊下関砲撃事件</u>を通じて，外国の武力の強大さから攘夷が困難であることを悟った薩摩藩と長州藩は，倒幕運動を進めていった。

(4)**イ**（1867年10月）→**ア**（1867年12月）→**ウ**（1868年）の順。徳川慶喜が政権を朝廷に返上した（<u>大政奉還</u>）のに対し，西郷隆盛や岩倉具視が朝廷を動かして<u>王政復古の大号令</u>を出し，慶喜に官職や領地の返上を命じた。これに不満を持つ旧幕府軍と新政府軍との間で，鳥羽・伏見の戦いから始まる<u>戊辰戦争</u>が起こった。

(5)<u>学制</u>の発布により，６歳以上のすべての男女が小学校に通うことになった。

3 明治時代以前は，月の満ち欠けを基準とする太陰暦を採用していたが，欧米と同じ<u>太陽暦</u>が採用された。

4 江戸時代は，年貢米を徴収していたことから，豊作・凶作によって幕府の収入に大きな差が

5 明治政府は，政府が地方を直接治める中央集権国家を目指し，1869年に藩主の土地と人民を天皇に返還させる<u>版籍奉還</u>を行った。この改革の効果があまりなかったことから，1871年に藩を廃止して県や府を置き，政府から県令や府知事を派遣して政治を行う<u>廃藩置県</u>を行った。

6 群馬県の<u>富岡製糸場</u>は，フランス人技師の指導の下，1872年に操業を開始した。政府は殖産興業の一環として，各地に官営模範工場を建設した。

7 **資料１**は，<u>福沢諭吉</u>が書いた『<u>学問のすゝめ</u>』の有名な一節である。この書物では，人間の平等について説いている。

8 (1)<u>津田梅子</u>は，６歳のとき<u>岩倉使節団</u>に同行し，日本最初の女子留学生としてアメリカに渡った。帰国後，女子教育に尽力し，女子英学塾（現在の津田塾大学）を設立した。

(2)<u>大久保利通</u>は薩摩藩の下級武士出身だったが，明治政府の中心人物として活躍した。

(3)「鉄血宰相」とよばれたプロイセンの首相<u>ビスマルク</u>は，19世紀後半にドイツを統一し，産業を急速に発展させた。

(4)岩倉使節団は，<u>幕末に結んだ不平等条約の改正のために</u>欧米に派遣された。日本の近代化が進んでいないことを理由に，交渉は失敗に終わったが，欧米の進んだ政治や産業などを視察し，この経験をもとに帰国後，近代化が進められた。

9 (1)<u>板垣退助</u>らが<u>民撰議院設立の建白書</u>を政府

に提出し，国会の開設と国民の政治参加を求める<u>自由民権運動</u>が全国に広まった。

(2)**イ**の<u>大隈重信</u>は，国会の開設に備えて<u>立憲改進党</u>を結成し，党首となった。

(3)<u>伊藤博文</u>は，ヨーロッパで君主の権力が強いドイツ（プロイセン）の憲法を研究し，<u>大日本帝国憲法</u>の草案づくりを行った。また，初代<u>内閣総理大臣</u>に就任した。

(4)大日本帝国憲法が発布後，帝国議会が開設されたことで，<u>直接国税15円以上を納める満25歳以上の男子</u>に選挙権が与えられた。第1回衆議院議員総選挙時の有権者は，当時の日本の人口のわずか約1.1％（約45万人）であった。

10(1)**イ**の<u>ポーツマス条約</u>は日露戦争の講和条約である。**ウ**の日中平和友好条約は1978年，**エ**のサンフランシスコ平和条約は1951年に結ばれた。

(2)<u>三国干渉</u>は，ロシア，フランス，ドイツの三国が，日清戦争後に結ばれた<u>下関条約</u>によって日本が獲得した<u>遼東半島</u>を，清に返還するよう要求したできごとである。日本は対抗できる力を持っていなかったので，やむなくこの要求を受け入れた。その後，日本ではロシアへの対抗心が高まった。

(3)<u>日露戦争</u>の講和条約では，国民の負担が大きかったにもかかわらず，賠償金が得られなかったため，国民は政府を非難し，<u>日比谷焼き打ち事件</u>などの暴動が起こった。

(4)<u>陸奥宗光</u>は，日清戦争直前の1894年，日英通商航海条約を結び，<u>領事裁判権の撤廃</u>に成功した。

POINT

領事裁判権の撤廃は1894年に陸奥宗光が実現させた。<u>関税自主権の回復</u>は1911年に<u>小村寿太郎</u>が実現させた。

入試問題で実力チェック！ →本冊P.37

1 (1)**十七条の憲法**
(2)（例）**家柄にとらわれず，個人の才能によって役人を採用しようとした。**
(3)**ア** (4)**エ**

2 (1)**中大兄皇子** (2)**エ**
(3)**イ**

3 **平城京**

4 X：**口分田** Y：**租** **5 エ**

6 (1)**天平文化** (2)**正倉院**
(3)**鑑真** (4)**万葉集**

7 (1)**摂関政治**
(2)（例）**娘を天皇のきさきにし，その子どもを天皇にして，政治の実権を握った。**
(3)**院政**

8 (1)**ア** (2)**国風文化**
(3)**イ** (4)**ウ**

9 (1)**ア**
(2)（例）**新たに開墾した土地の所有が認められた。〔新たに開墾した土地の永久私有を認めた。〕**
(3)**イ→ウ→エ→ア** (4)**ア**

解説

1 (1)<u>聖徳太子</u>は6世紀末に推古天皇の摂政となった人物で，天皇中心の国づくりを進めた。<u>十七条の憲法</u>は，聖徳太子が仏教や儒教の教えを取り入れ，天皇の命令に従うことなど，役人の心構えを17条にまとめたもの。

(2)<u>冠位十二階の制度</u>は，冠の色などで地位を表す制度で，家柄にとらわれず，才能や功績のある人物を役人に取り立てるために定められた。

(3)<u>法隆寺</u>は，現存する世界最古の木造建築物といわれており，ユネスコの世界文化遺産に登録されている。

(4)聖徳太子は，<u>隋</u>の進んだ文化や制度を取り入れるため，<u>小野妹子</u>らを<u>遣隋使</u>として派遣した。

2 (1)大化の改新の中心となったのは中大兄皇子と中臣鎌足で、中大兄皇子はのちに天智天皇として即位した。中臣鎌足は、平安時代に活躍した藤原氏の祖となった人物である。

(2)天武天皇は、天智天皇の弟で、天智天皇の死後、あとつぎをめぐって起きた壬申の乱で、天智天皇の子である大友皇子に勝利し、天皇の位についた。アの保元の乱は平安時代、イの承久の乱は鎌倉時代、ウの応仁の乱は室町時代のできごと。

POINT

古代に活躍した天皇をおさえよう。

天智天皇	飛鳥時代、中大兄皇子が即位。初めて全国的な戸籍をつくった。
天武天皇	飛鳥時代、壬申の乱に勝利して即位。中央集権国家の建設を推し進めた。
聖武天皇	奈良時代、全国に国分寺・国分尼寺、都に東大寺を建て、大仏をつくらせた。
桓武天皇	都を平城京から長岡京、平安京に移した。

---

(3)朝鮮半島の新羅が、唐と結んで百済を滅ぼしたことから、663年に日本は百済の復興を援助するために朝鮮半島に大軍を送ったが、唐と新羅の連合軍に大敗した。このできごとを白村江の戦いという。文永の役は、1274年の元軍の一度目の襲来である。

3 平城京は、唐の都長安にならって、広い道路により碁盤の目のように区画されていた。

4 X 口分田は、満6歳以上の男女に与えられた土地であり、その人が亡くなると国に返すことになっていた。

Y 班田収授法により、人々にはさまざまな負担が課せられていた。布や地方の特産物を納めさせたのは調、労役の代わりに布を納めさせたのは庸である。

5 676年に新羅が朝鮮半島を統一した。アは15世紀、イは紀元前1世紀、ウは13世紀のこと。

6 (1)天平文化は、大陸の影響を強く受けた国際的な文化であった。聖武天皇のころの年号が「天平」であったことから、このようによばれた。

(2)正倉院は、断面が三角形の木材を組んだ校倉造でつくられていた。この倉庫には、聖武天皇が使用した道具や遣唐使が持ち帰った宝物などが保管された。

(3)鑑真は、唐の時代の僧で、日本に仏教の正式な戒律を伝え、唐招提寺を建てた。

(4)『万葉集』は日本最古の和歌集で、天皇や貴族、農民、防人などがよんだ約4500首の和歌が収められている。

7 (1)摂関政治とは、天皇が幼少のときには摂政、成人してからは関白として行った政治である。藤原道長とその子頼通のころ(11世紀前半)に、全盛期をむかえた。

(2)資料2から、藤原道長の娘たちが天皇と結婚し、その子が天皇になっていることが読み取れる。藤原氏は、娘を天皇に嫁がせ、天皇の外祖父となることで、実権を握るようになった。藤原道長は、自分の栄華をたたえ、「この世をばわが世とぞ思う　望月の欠けたることも無しと思えば」という和歌をよんだ。

(3)上皇が政治を行った場所を「院」とよんだことから、院政といわれる。白河上皇のほか、後白河上皇なども院政を行い、退位した後も権力を握った。

8 (1)空海は、唐から帰国して真言宗を開き、高野山金剛峯寺を建てた。イの天台宗は最澄が開いた宗派、ウの浄土宗は平安時代末期に法然が開いた宗派、エの日蓮宗は鎌倉時代に日蓮が開いた宗派。

POINT

空海は高野山金剛峯寺で真言宗、最澄は比叡山延暦寺で天台宗を同時期に開いたので混同しないようにしよう。

---

(2)国風文化は、貴族を中心とした、日本の風土や生活にあった独自の文化である。

(3)アの『万葉集』は奈良時代にまとめられた和歌集、ウの『日本書紀』とエの『古事記』は奈良時代につくられた歴史書である。

(4)国風文化が栄えたころ、漢字を変形させたかな文字が使われるようになった。宮廷に仕えていた清少納言は、かな文字を用いて随筆『枕草子』を著した。

飛鳥時代〜平安時代の文化についてまとめよう。

飛鳥時代	**飛鳥文化** 法隆寺
奈良時代	**天平文化** 『古事記』『日本書紀』(歴史書) 『風土記』(地理書) 『万葉集』(和歌集) 東大寺，正倉院，唐招提寺
平安時代	**国風文化** 『源氏物語』…紫式部 『枕草子』…清少納言 『古今和歌集』…紀貫之 平等院鳳凰堂，寝殿造 中尊寺金色堂

9 (1)**資料3**は，平城京の様子である。平城京がつくられたころの中国の王朝は**唐**である。**イ**は明，**ウ**は秦，**エ**は漢の時代の様子である。

(2)公地公民の方針により，土地は国家のものであったが，朝廷は開墾を促すために墾田永年私財法で新たな開墾地の私有を認めたので，貴族や寺院などが私有地を広げた。

(3)**イ**(670年)→**ウ**(701年)→**エ**(743年)→**ア**(平安時代初期)の順。

(4)**ア**の奥州藤原氏が繁栄したのは，平安時代後期のこと。**イ**は奈良時代，**ウ**は鎌倉時代，**エ**は室町時代のできごと。

中世の日本

入試問題で実力チェック！ →本冊**P.41**

1 イ

2 (例)自身の娘を天皇のきさきとした。

3 ウ   **4** 守護

5 (1)承久の乱

(2)(例)朝廷の監視や西国の武士の統率をするため。

(3)名称：**御成敗式目〔貞永式目〕**

目的：(例)武家の人々の裁判を公平に行うため。〔武士社会における裁判の基準を明確にするため。〕

6 (1)イ　(2)金剛力士像

(3)ウ

(4)(例)教えがわかりやすく，実行しやすかったから。

7 (1)(例)元軍が，武器に火薬を使ったから。

(2)イ

8 建武の新政　　**9** X：エ　Y：ウ

10 管領　　**11** ア，エ(順不同)

12 (1)(例)正式な貿易船を，倭寇と区別するため。

(2)エ

13 イ　　**14** ウ

15 (1)分国法

(2)(例)武士や農民の行動を取り締まり，下剋上の動きをおさえるため。

解説

1 平清盛は日宋貿易の利益に目をつけ，兵庫の港(大輪田泊)や瀬戸内海の航路を整備した。

2 1159年に起きた平治の乱で，源義朝を破って勢力を広げた平清盛は，娘を天皇のきさきにして，朝廷の中でも権力を握るようになった。1167年には武士として初めて太政大臣に就任した。

3 御恩は，将軍が御家人の以前からの領地を保護し，手柄に応じて新しい領地を与えることをいう。これに対して奉公は，御家人が京都・

鎌倉の警備にあたり，戦いのときに命がけで合戦に参加することをいう。

4 1185年，源頼朝は弟の源義経をとらえることを口実に，国ごとに守護を，荘園や公領ごとに地頭を設置することを，朝廷に認めさせた。守護は，国内の軍事・統率などにあたった。

POINT

守護と地頭のちがいをおさえよう。

守護	・国ごとに設置 ・国内の軍事や御家人の統率
地頭	・荘園・公領に設置 ・土地の管理や年貢の取り立て

5 (1)承久の乱で後鳥羽上皇は幕府打倒のために挙兵したが，北条政子のよびかけで御家人が一致団結し，幕府軍の勝利に終わった。この乱の後，後鳥羽上皇は，隠岐（島根県）に流された。

(2)承久の乱後，鎌倉幕府は京都に六波羅探題を設置した。六波羅探題は朝廷の監視や西国の御家人の統率を行った。

(3)御成敗式目〔貞永式目〕は，鎌倉幕府の執権北条泰時が武士の社会における慣習をまとめ，政治の判断の基準として定めたもの。この法令は，その後の武家法に大きな影響を与え，長く武士社会の手本とされた。

6 (1)アは室町時代，ウは平安時代，エは江戸時代の文化の説明である。

(2)東大寺南大門の金剛力士像は，運慶・快慶らによってつくられた。

(3)アの法然は浄土宗，イの日蓮は日蓮宗〔法華宗〕，エの栄西は禅宗である臨済宗の開祖。

(4)鎌倉時代，わかりやすくて信仰しやすい新しい仏教が武士や庶民の間に広まった。

7 (1)元軍は，火薬をつめた「てつはう」という火器や，集団戦法を用いて戦ったため，慣れない戦い方に日本軍は苦戦した。

(2)元軍を退けたものの，新しい領地を獲得できなかったため，幕府は御家人に十分な恩賞を与えることができなかった。そのため，御家人の不満がつのり，幕府への信頼が失

われることになった。アの「武士の社会の慣習にもとづいた法」とは御成敗式目のことで，元寇よりも前につくられた。ウの「幕府に土地を寄進する武士」が増えたのは平安時代末期のこと。エの「民衆が団結して一揆を起こす」ようになったのは室町時代。

8 後醍醐天皇は，足利尊氏らと協力して鎌倉幕府を滅ぼし，天皇中心の新たな政治を行った。これを建武の新政という。この政治は，貴族重視の政策が続き，武士の不満が高まったため，2年あまりでくずれた。

9 後醍醐天皇の政治に不満を持った足利尊氏は，武士政治の復活をよびかけて挙兵し，京都で新しい天皇を立てた。これにともない，後醍醐天皇が吉野（奈良県）にのがれたため，2つの朝廷が対立する南北朝時代が始まった。1392年に足利義満が南北朝を合一するまで，約60年に渡って争いが続いた。

10 管領は，室町幕府の将軍を補佐する役職で，侍所，政所，問注所を統括した。

POINT

鎌倉幕府で将軍を補佐する役職は執権，室町幕府で将軍を補佐する役職は管領なので，まちがえないようにしよう。

11 室町時代，土倉や酒屋などの金融業者は，幕府の保護を受け，営業を独占する権利を認められる代わりに，税を納めていた。イの飛脚は江戸時代に手紙や金銀などを送り届けた人のこと，ウの惣は南北朝時代に成長した農民の自治組織のこと。室町時代には商業が発達し，馬借や車借などの運送業者や，問（問丸）などの運送業者をかねた倉庫業者が活躍した。座とよばれる同業者による組合もつくられた。

12 (1)13世紀になると，大陸沿岸に集団で船を襲い，品物をうばう倭寇が現れるようになった。足利義満は，明の求めに応じて倭寇を取り締まるとともに，勘合貿易〔日明貿易〕を始めた。この貿易では，正式な貿易船と倭寇を区別するために資料6のような勘合（符）が用いられた。

(2)勘合貿易を始めたのは，室町幕府3代将軍であった足利義満である。足利義満が京都

の北山に金閣を建てたことから，このころに栄えた文化は北山文化とよばれる。**ア**は平安時代に菅原道真，**イ**は安土桃山時代に豊臣秀吉が行った。**ウ**は鎌倉時代のできごと。

13 室町時代，貴族の文化と，禅宗の影響を受けた武士の文化が交じり合った室町文化が栄えた。3代将軍足利義満のころの文化を北山文化，8代将軍足利義政のころの文化を東山文化という。この時代，「一寸法師」などの御伽草子とよばれる絵入りの物語が，民衆にさかんに読まれた。**ア**と**エ**は江戸時代，**ウ**は平安時代の文化について述べたものである。

14 応仁の乱は，室町時代に，将軍のあとつぎ争いに，有力な守護大名である細川氏と山名氏の勢力争いがからんで，約11年に渡って続いた戦乱。この戦乱の後，下の身分の者が上の身分の者に実力で打ち勝つ下剋上の風潮が広がり，戦国大名が各地に現れるようになった。

POINT

応仁の乱の対立関係をおさえておこう。

▼応仁の乱（1467年）

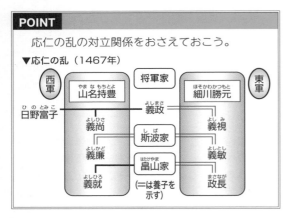

15 (1)(2)戦国大名は，拠点とする城の周辺に家来を集めて，城下町を形成した。また，領国内の武士や民衆の行動を取り締まるために独自の分国法を定めた。分国法は，領国内の家臣団の統制，農民の生活に関する規定，訴訟に関することなどを内容としている。

入試問題で実力チェック！ →本冊P.45

1 (1)a：**エ**　b：**ア**　(2)**ウ**

(3)**ベルサイユ条約**

2 **ウ**　　**3** **ウ**

4 **ウ**

5 (1)**民本主義**

(2)(例)**大臣のほとんどが衆議院で一番多くの議席を獲得している立憲政友会に所属している。**

6 法律：**普通選挙法**

資格：(例)**満25歳以上の男子**

7 **エ**　　**8** **エ**

9 (1)**ニューディール〔新規まき直し〕政策**

(2)**ブロック経済(政策)**

10 **ア**

11 (1)**五・一五事件**

(2)**疎開〔集団疎開，学童疎開〕**

(3)**ポツダム**

(4)**ウ→エ→イ→ア**

解説

1 (1)1882年，ドイツ，オーストリア，イタリアの3か国で三国同盟が結ばれた。これに対抗し，1907年にイギリスを中心に三国協商が成立し，どちらも軍事力を強めながら，対立していた。

POINT

三国協商はイギリス，フランス，ロシア。

三国同盟はドイツ，オーストリア，イタリア。

日本は日英同盟を理由に，三国協商側について，第一次世界大戦に参戦した。

(2)オーストリアは，ドイツ，イタリアと三国同盟を結んでいたが，皇太子夫妻がセルビア人の青年に暗殺されると，セルビアに対して宣戦布告した。これをきっかけに，各国が参戦し，同盟国と連合国（三国協商側）が対立して第一次世界大戦が始まった。

(3)第一次世界大戦は特にヨーロッパの各国が大量の兵士と物資を総動員させる総力戦となった。戦争はアジア・太平洋地域にも広がっていったが，1917年にアメリカが連合国側で参戦したことで，1918年に同盟国側が降伏して終結した。1919年にはパリ講和会議が開かれ，ドイツの領土縮小や巨額の賠償金支払いなどを定めたベルサイユ条約が結ばれた。

2 第一次世界大戦中，欧米からの輸入が止まったことや，アメリカなどへの工業製品の輸出が大幅に増えたことから，日本では大戦景気とよばれる好景気となった。造船業や鉄鋼業などの重化学工業が成長し，1919年には工業生産額が農業生産額を上回った。

3 資料1は，二十一か条の要求の一部である。この要求は，ドイツが山東省に持っていた権益を日本が引き継ぐことや，ポーツマス条約で認められた旅順，大連の租借期間を延長することなどがもりこまれていた。日本はこの要求の大部分を中国に認めさせたが，中国では激しい反日運動（五・四運動）が起こった。アはフランス，イはロシア，エはインドについて述べた文である。

4 1920年，アメリカ合衆国のウィルソン大統領の提案の下，国際連盟が発足した。日本は，イギリス，フランス，イタリアとともに常任理事国になり，新渡戸稲造が事務局次長を務めた。

5 (1)吉野作造が提唱した民本主義は，国民の政治参加のために，普通選挙と政党内閣制の実現を求める考え方である。

(2)資料2から，外務・陸軍・海軍以外の大臣が立憲政友会に所属していること，資料3から，立憲政友会は衆議院で最も多くの議席を獲得していることが読み取れる。このように，議会の多数党が組織する内閣を政党内閣という。1918年に組織された原敬内閣は，日本で初めての本格的な政党内閣であった。

6 1925年に普通選挙法が成立し，納税額などの条件が撤廃され，満25歳以上のすべての男子が選挙権を持つ普通選挙制が実現した。これによる社会主義運動の高まりを警戒した政府は，同時に治安維持法を制定し，共産主義者などに対する取り締まりを強化した。

POINT

選挙権を持つ人の移り変わりをおさえよう。

法制定・改正年	選挙権が与えられた人
1889年	直接国税15円以上を納めた満25歳以上の男子
1900年	直接国税10円以上を納めた満25歳以上の男子
1919年	直接国税3円以上を納めた満25歳以上の男子
1925年	満25歳以上の男子
1945年	満20歳以上の男女
2015年	満18歳以上の男女

---

7 大正時代，民主主義を求める大正デモクラシーの風潮が広がった。この風潮は，労働運動や農民運動，女性運動などの社会運動に影響を与え，社会主義の思想も広まった。市川房枝や平塚らいてうは女性の政治参加などを求めて1920年に新婦人協会を結成した。アの国会期成同盟は1880年に国会の開設を求めて結成された組織，イの立憲政友会は1900年に伊藤博文が結成した政党，ウの青鞜社は，1911年に平塚らいてうらが設立した，女性解放を目的とした文芸団体である。

8 大正時代，一般の大衆に向けた文化が発展するようになった。このような文化を大衆文化という。1冊1円の円本が出版されたほか，週刊誌も発刊された。1925年にはラジオ放送が開始され，全国に普及した。文学では，芥川龍之介の「羅生門」や「鼻」，小林多喜二などによるプロレタリア文学が流行した。エの言文一致体は，話し言葉のままで文章を書く文体のことで，明治時代に活躍した二葉亭四迷が小説で用いたのをきっかけに普及した。

9 (1)アメリカのローズベルト〔ルーズベルト〕大統領は，不況対策として，農業や工業の生産を調整するとともに，公共事業を増やして，労働組合の保護や失業者の救済を行った。これをニューディール〔新規まき直し〕政策という。

(2)ブロック経済（政策）は，本国と植民地の関係を密にして他国を排除する政策で，イギ

リスやフランスなど，当時多くの植民地を所有していた国々で，保護貿易政策として行われた。一方，植民地が少なかったドイツやイタリアでは，軍事力で他国を支配する<u>ファシズム</u>が台頭した。

10 資料5中の**X**はソ連である。社会主義の下で<u>五か年計画</u>とよばれる経済政策を進めていたため，1929年から始まった世界恐慌の影響は受けなかった。**イ**は日本，**ウ**はアメリカ，**エ**はイギリスが進めた政策である。

> **POINT**
>
> 各国の世界恐慌への対応をおさえておこう。
> ・アメリカ…<u>ニューディール〔新規まき直し〕政策</u>
> ・イギリス，フランス…<u>ブロック経済〔政策〕</u>
> ・ソ連…<u>計画経済〔五か年計画〕</u>によって，影響を受けなかった。

11 (1)1932年に起こった<u>五・一五事件</u>で，満州国の承認に消極的だった犬養毅首相が暗殺された。この事件により，政党政治が幕を閉じ，軍部が台頭するようになった。

(2)都市の小学生は，空襲を避けるため，親元を離れて地方の寺や旅館などで集団生活を送った。

(3)<u>ポツダム宣言</u>は，イタリアとドイツがすでに降伏していた1945年7月，ドイツの首都ベルリン郊外のポツダムでアメリカ・イギリス・ソ連の首脳が会談し，アメリカ・イギリス・中国の名で発表された。

(4)**ウ**（1932年）→**エ**（1938年）→**イ**（1941年）→**ア**（1943年）の順。

入試問題で実力チェック！ →本冊P.49

1 11月3日　　**2** 財閥

3 農地改革

4 （例）満20歳以上のすべての男女に与えられた

5 イ　　**6** イ

7 (1)サンフランシスコ平和条約
(2)日米安全保障条約〔日米安保条約〕

8 (1)安保闘争　(2)エ
(3)できごと：**エ**　世界の様子：**I**

9 乗用車：**C**　白黒テレビ：**B**

10 (1)イ→エ→ア
(2)（例）（第四次）中東戦争の影響で，石油（原油）の価格が上昇したから。

11 アジア・アフリカ〔バンドン〕

12 ウ

13 （例）アメリカとソ連の関係が改善され，冷戦が終結した。

解説

1 <u>日本国憲法</u>は，1946年11月3日に公布され，その半年後の1947年5月3日に施行された。

2 <u>財閥</u>とは，金融を中心にさまざまな事業を経営し，日本経済全体に大きな支配力を持つようになった大資本家の一族のことで，三井，三菱，住友，安田などが代表的である。戦後，<u>GHQ</u>による民主化政策で，これらの財閥の解体が命じられた。

3 <u>農地改革</u>は，政府が強制的に地主が持つ小作地を買い上げ，小作人に安く売り渡した政策で，農村を民主化し，自作農を増やすことを目的として行われた。

4 1945年12月に選挙法が改正され，<u>満20歳以上のすべての男女</u>に選挙権が与えられた。これにより，女性にも参政権が認められ，1946年4月の衆議院議員総選挙では，39名の女性議員が誕生した。

5 **X** 国際連合の安全保障理事会の常任理事国は，アメリカ，イギリス，フランス，ソ連（現

在はロシア），中国の５か国。

Y 第二次世界大戦後，アメリカを中心とする資本主義諸国と，ソ連を中心とする社会主義諸国が，直接戦火を交えずに対立する<u>冷たい戦争〔冷戦〕</u>が起こった。冷戦は，1989年にマルタ会談で終結が宣言されるまで続いた。

6 1945年，国際連盟に代わる組織として<u>国際連合</u>が設立された。国際連合には安全保障理事会が設けられ，常任理事国には拒否権が与えられており，常任理事国が１国でも反対するとその議案は可決できない。**ア**，**ウ**，**エ**は国際連盟について述べたもの。

7 (1)<u>サンフランシスコ平和条約</u>は，日本と連合国のうち48か国との間で結ばれた第二次世界大戦の講和条約。日本の領土の範囲などが規定されるとともに，日本は独立国としての主権を回復した。写真は<u>吉田茂</u>首相がサンフランシスコ平和条約に調印している様子。

(2)サンフランシスコ平和条約の締結とともに，アメリカとの間で<u>日米安全保障条約</u>が結ばれた。この条約では，日本の安全と東アジアの平和のために，アメリカ軍が日本に駐留することなどを認めた。

8 (1)1951年に結ばれた日米安全保障条約は，1960年に改定交渉が行われた。当時の岸信介首相は，アメリカとの関係を強化することを目指して新日米安全保障条約を締結したが，これに対して，激しい反対運動が起こった。これを<u>安保闘争</u>という。国会議事堂前でも，条約の締結に反対する大規模なデモが行われた。

(2)**ア**は1945年，**イ**は1923年，**ウ**は1989年，**エ**は1964年のできごと。1964年にアジアで初めての<u>オリンピック・パラリンピック</u>が東京で開催されることに先駆けて，東京－新大阪間を結ぶ<u>東海道新幹線</u>が開通した。

(3)1952年に独立国としての主権を回復した日本は，1956年に**ウ**の<u>日ソ共同宣言</u>に調印したことでソ連との国交を回復させ，同年にはソ連の支持を受けて国際連合に加盟した。韓国とは1965年には<u>日韓基本条約</u>を結び，1972年には田中角栄内閣の下，<u>日中共同声明</u>が発表され，中国との国交を

正常化した。上野動物園のパンダは，友好の証として中国からおくられてきたものなので，**B**の背景となったできごとには**エ**があてはまる。中国とはその後，1978年に<u>日中平和友好条約</u>が結ばれた。**ア**の下関条約は1895年に結ばれた日清戦争の講和条約，**イ**のサンフランシスコ平和条約は1951年に結ばれた第二次世界大戦の講和条約。世界の様子としては，1965年からベトナム戦争が激化していたことから，**I**があてはまる。**II**の朝鮮戦争は1950年から始まり，1953年には休戦した。**III**のアメリカ合衆国が同時多発テロを理由にアフガニスタンに侵攻したのは2001年のこと。**IV**のインド大反乱が起こったのは1857〜59年のこと。この反乱の後，インドはイギリスの植民地となった。

POINT

戦後の外交関係をおさえておこう。

アメリカ	日米安全保障条約（1951年）
ソ連	日ソ共同宣言（1956年） →日本の国際連合加盟
韓国	日韓基本条約（1965年）
中国	日中共同声明（1972年） →日中国交正常化 日中平和友好条約（1978年）

9 資料**3**のうち，1962年から1972年にかけて普及率が70％を超えている**A**，**B**，**E**が，「<u>三種の神器</u>」とよばれて1950年代に普及した白黒テレビ，電気洗濯機，電気冷蔵庫のいずれかだとわかる。このうち，**B**は1972年から1982年にかけて普及率が大きく下がっていることから，カラーテレビの普及によって需要が落ちこんだ白黒テレビだとわかる。**C**と**D**を比べて，普及率が低い**C**は乗用車，**D**はカラーテレビである。**A**は電気冷蔵庫，**E**は電気洗濯機である。カラーテレビは，クーラー，乗用車（カー）とともに1960年代に普及し，**３C**とよばれた。

10 (1)高度経済成長の期間は1950年代半ばから1973年までである。**ア**の<u>沖縄の日本復帰</u>は1972年，**イ**の日本の国際連合加盟は1956年，**エ**の日韓基本条約の締結は1965年なので，**イ**→**エ**→**ア**となる。**ウ**の

日ソ中立条約の締結は，第二次世界大戦中の1941年のできごと。

(2)**図**において，経済成長率が０％を下回っているのは1974年であることが読み取れる。その前年に，石油危機〔オイルショック〕が起こったことで，日本の高度経済成長が終わった。石油危機とは，イスラエルとアラブ諸国の紛争（第四次中東戦争）をきっかけとして，アラブの産油国が石油価格の大幅な引き上げなどを行ったことから，世界経済が大きく混乱したことをいう。日本でもトイレットペーパーの買い占めが起こるなど，一時パニック状態になった。

11 かつて植民地として支配されていたアジアとアフリカの国々が参加したアジア・アフリカ〔バンドン〕会議では，平和共存，植民地主義反対などを内容とする平和十原則が宣言された。

12 アメリカとの交渉で実現されたのは「沖縄の日本復帰」で，佐藤栄作内閣によって行われた。返還交渉の過程で，佐藤栄作は，核兵器に対して「持たず，つくらず，持ちこませず」という非核三原則を打ち出し，のちにノーベル平和賞を受賞した。日中国交正常化を実現させたのは，1972年に日中共同声明に調印した田中角栄内閣である。吉田茂は，サンフランシスコ平和条約に調印した首相である。

POINT

戦後のおもな首相をおさえておこう。

吉田茂	サンフランシスコ平和条約調印（1951年）
佐藤栄作	沖縄の日本復帰（1972年）
田中角栄	日中共同声明調印（1972年）

13 年表から，東側陣営であった東欧の民主化，冷戦の象徴といわれたベルリンの壁の崩壊，東側陣営の中心であったソ連の解体が読み取れる。

歴史編
でる順 **6位**

近世の日本①
（安土桃山時代～江戸時代初期）

入試問題で実力チェック！ →本冊P.53

1 (1)**イ** (2)**エ** (3)**ア** **2 カ**

3 (例)宗教改革の動きに対抗して，カトリック教会を立て直すため。

4 エ

5 (例)織田（・徳川連合）軍が鉄砲を有効利用して武田軍を破った長篠の戦い

6 (1)**刀狩** (2)**ウ** (3)**エ**

7 千利休 **8 ア** **9 エ**

10 (1)**朱印船貿易** (2)**④** (3)**ウ**

(4)(例)キリスト教の布教を行わなかったから。

(5)X：**参勤交代**

Y：(例)多くの費用がかかった

解説

1 (1)**A** コロンブスは，スペインの援助を受けて，西インド諸島に到達した。

B ポルトガル人のバスコ・ダ・ガマは，ヨーロッパからアフリカ大陸の南端の喜望峰を経由し，インドに至る航路を開拓した。

(2)ポルトガル人が種子島に伝えた鉄砲は，戦国大名の間に広まり，国内でも堺（大阪府），国友（滋賀県）などで生産が始まった。

(3)16世紀初めに，キリスト教の改革運動である宗教改革が起こった。それまでのカトリック教会に反対する人々はプロテスタントとよばれた。これに対して，カトリック教会内でも立て直しを目指してイエズス会がつくられ，海外布教に力を入れた。

2 Aはコロンブス，Bはマゼランの船隊の航路，aはスペインの植民地である。

3 1549年に日本へキリスト教を伝えたフランシスコ・ザビエルは，海外布教に力を入れたイエズス会の宣教師であった。

4 織田信長は尾張の戦国大名であったが，桶狭間の戦いで今川義元を破ってから勢力を広げ，天下統一を進めた。織田信長が拠点とした安土城の城下町では，商工業を活発にするため，

市での税を免除するとともに，営業を独占していた座を廃止した。**ア**は明治時代，**イ**は奈良時代，**ウ**は江戸時代の様子を述べたものである。

5 **資料1**は，織田信長が徳川家康と手を組み，武田軍と戦った**長篠の戦い**を描いたものである。織田・徳川連合軍は大量の鉄砲を有効に使い，騎馬隊を中心とする武田軍を破った。鉄砲を用いている織田軍が左側に描かれている。

6 (1)**資料2**は，豊臣秀吉が農民から武器を取り上げて一揆を防ぎ，農業に専念させるために出した**刀狩令**の一部である。**豊臣秀吉**は織田信長の家臣で，織田信長が**本能寺の変**で自害したあと，勢力を伸ばした。

(2)**X** **石高**は，田畑の生産量を米の収穫量に換算して表したものである。豊臣秀吉は，全国の田畑の面積やよしあしを調べ，収穫高を石高で表す**太閤検地**を行った。

Y 豊臣秀吉は中国の**明**を従えようとして朝鮮に服属をせまったが，朝鮮がこれを拒否したため，二度に渡り大軍を送った。朝鮮の水軍や民衆の抵抗運動により日本軍は苦戦した。

(3)豊臣秀吉は，織田信長と同様に，当初はキリスト教を保護したが，長崎がイエズス会に寄進されていることを知り，宣教師を追放する命令を出した。この命令を**バテレン追放令**という。**ア**の天正遣欧少年使節〔天正遣欧使節〕は，九州のキリシタン大名が派遣した。**イ・ウ**は江戸幕府の政策である。

POINT

織田信長と豊臣秀吉の政策を比較しよう。

織田信長の政策	・桶狭間の戦い（1560年） ・室町幕府の滅亡（1573年） ・長篠の戦い（1575年） ・安土城築城→楽市・楽座 ・比叡山延暦寺焼き討ち ・本能寺の変（1582年）
豊臣秀吉の政策	・太閤検地　・刀狩令 ・大阪城築城 ・バテレン（宣教師）追放令 ・全国統一（1590年） ・朝鮮出兵 　→文禄の役（1592年） 　→慶長の役（1597年）

---

7 **千利休**は，織田信長や豊臣秀吉に仕え，質素な**わび茶**の作法を完成させ，茶の湯を大成した。

8 **桃山文化**は新興の大名や大商人の気風を反映して，豪華で雄大な印象を与える文化である。**イ**は室町時代の文化，**ウ**は江戸時代の元禄文化，**エ**は鎌倉時代の文化の説明である。

9 **出雲の阿国**が始めた**かぶき踊り**は，江戸時代に歌舞伎へ発展した。

10 (1)徳川家康は，当初貿易による利益を重視し，大名や大商人に海外渡航を許可する**朱印状**を与えて貿易を認めていた。この貿易を**朱印船貿易**という。多くの日本人が東南アジアに移住してシャムのアユタヤなど，**日本町**が各地につくられた。

(2)**勘定奉行**は，町奉行，寺社奉行とともに，三奉行とよばれた役職。①の若年寄は**老中**の補佐，②の寺社奉行は寺社の取り締まり，③の大目付は幕政の監督などを担当した。

(3)江戸幕府は，大名を統制するため**武家諸法度**を定めた。**ア**は室町時代の守護大名，**イ**は鎌倉時代の武士について述べている。

(4)江戸幕府が行った，日本人の海外渡航や外国人の来航をきびしく制限する政策を**鎖国**という。キリスト教の禁止と貿易統制を目的とし，キリスト教を布教するおそれのない**オランダ**と**中国**のみが貿易を許された。

(5)3代将軍**徳川家光**は，幕府と大名の主従関係を確認させる**参勤交代**を武家諸法度に加えて制度化した。これにより，大名は1年おきに領地と江戸を往復することや，妻子を江戸に住まわせることが義務づけられた。江戸への往復の費用や江戸での生活費などで大名の経済的な負担は大きかった。

入試問題で実力チェック！　→本冊P.57

1 エ　　**2** 蔵屋敷

3 工場制手工業〔マニュファクチュア〕

4 ウ　　**5** エ

6 徳川吉宗　　**7** イ

8 ①：エ　②：ア

9 (1)ア　(2)イ

10 異国船〔外国船〕打払令

11 ア

12 （例）幕府が外国船の打ち払いを命令した

13 (1)ア，エ（順不同）　(2)元禄（文化）

　　(3)伊能忠敬

　　(4)P：（例）ヨーロッパの通商相手国をオラ
　　　　ンダに限定した

　　Q：シーボルト

　　(5)イ

解説

1 江戸時代，幕府や藩は年貢を増やすために大規模な新田開発を進めた。これにより農業生産量が高まり，18世紀初めには豊臣秀吉の時代に比べて，耕地面積が約2倍になった。また，水産業が発展し，九十九里浜では地引き網による大規模ないわし漁が行われ，とれたいわしは干鰯とよばれる肥料に加工され，近畿地方などの綿の生産地に売られた。

2 江戸時代，三都の一つとして発展した大阪には，各藩の蔵屋敷が置かれ，運びこまれた年貢米や特産物が商人を通して売買された。大阪は商業の中心地となったことから，「天下の台所」とよばれた。

3 19世紀ごろに行われるようになった，作業場に働き手を集め，製品を分業で生産するしくみを工場制手工業〔マニュファクチュア〕という。それまで行われていた問屋制家内工業は，問屋が農民に機械やお金を前貸しして製品をつくらせ，製品を安く買い取るしくみであったが，作業場（工場）に人を集めることでより効率的に生産するしくみが確立した。

4 グラフから，金貨に含まれる金の割合が1695年に発行されたものは減っていることが読み取れる。17世紀後半，5代将軍徳川綱吉は，貨幣の質を落として量を増やすことで，幕府の財政を改善しようとしたが，質の低い金貨が大量に発行されたことで，物価が上昇し，経済は混乱した。18世紀初めになると儒学者の新井白石によって貨幣の質は元に戻された。

5 生類憐みの令を出したのは，5代将軍徳川綱吉。徳川綱吉は，主従関係や上下関係を重視する朱子学を奨励した。アは8代将軍徳川吉宗，イは3代将軍徳川家光，ウは老中松平定信の政策である。

6 享保の改革は，18世紀前半，8代将軍徳川吉宗が幕府の財政を立て直すために行った。

7 18世紀後半，老中の田沼意次は，商業をさかんにして，幕府の財政を立て直そうとした。商工業者が株仲間を結成することを奨励する代わりに営業税をとったり，印旛沼などの干拓工事を始め，蝦夷地の開拓にのりだした。

8 ①徳川吉宗による享保の改革は1716年～45年に行われ，公事方御定書を制定するなどした。

②18世紀後半に行われた松平定信の改革を寛政の改革といい，幕府の学校で朱子学以外の学問を禁止したほか，旗本・御家人の借金の帳消し，米の備蓄などを行った。イは田沼意次，ウは徳川家光の政策である。

POINT	
江戸時代のおもな政治改革を比べてみよう。	
徳川綱吉の政治	生類憐みの令，朱子学の奨励，元禄小判の発行
享保の改革（徳川吉宗）	倹約令，公事方御定書，目安箱の設置，上げ米の制
田沼意次の政治	株仲間の結成の奨励，長崎貿易，銅の専売制，印旛沼の干拓を計画，蝦夷地の調査
寛政の改革（松平定信）	倹約令，昌平坂学問所で朱子学の奨励，農村復興のため江戸に出てきた農民を返す，旗本・御家人の借金の帳消し
天保の改革（水野忠邦）	倹約令，派手な風俗の取り締まり，出版の統制，株仲間の解散，農民の出かせぎ禁止，異国船〔外国船〕打払令の緩和

9 (1) 江戸時代に行われた享保の改革，寛政の改革，天保の改革を三大改革という。これらはいずれも武士に質素・倹約をすすめるものだった。**イ**は享保の改革では行われなかった。**ウ**は19世紀初めにとられた政策，**エ**は田沼意次の政策である。

(2) **D**の期間に起こったのは1782年に始まった天明のききんで，特に東北地方で多くの餓死者が出た。**ア**の刀狩を命じた法令は1588年に出された，**ウ**は1837年，**エ**は幕末のできごとである。

10 異国船〔外国船〕打払令は，相次ぐ日本近海への外国船の出現に対し，1825年に幕府が出した法令である。1842年にアヘン戦争で清がイギリスに敗れたことを知った幕府は，この法令を緩和し，外国船にまきや水・食料の補給を認める薪水給与令を出した。

11 18世紀末ごろから，ロシアの船が，通商を求めて日本近海に現れるようになっていた。

POINT

江戸時代の外国船の接近にかかわるできごとをおさえよう。

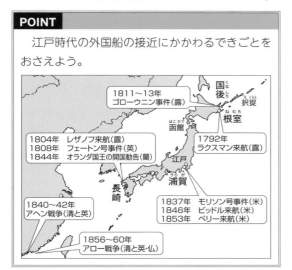

12 モリソン号事件は，日本人の漂流民返還と通商交渉のため来航したアメリカ船モリソン号が，異国船〔外国船〕打払令のために砲撃された事件である。これを批判した，高野長英と渡辺崋山は蛮社の獄で処罰された。

13 (1) 19世紀初めに江戸の町人を中心に栄えた化政文化では，多色刷りの版画（錦絵）の技術が発達し，**ア**の葛飾北斎らが活躍した。また，伊勢神宮に参拝する「伊勢参り」が庶民のあこがれとなり，その道中の様子をおもしろおかしく描いた**エ**の十返舎一九の

『東海道中膝栗毛』が人気を集めた。**イ**の松尾芭蕉と**ウ**の近松門左衛門は，17世紀後半から18世紀初めにかけて上方を中心に栄えた元禄文化のころに活躍した人物。

(2) 17世紀後半から18世紀初めにかけて，大阪や京都などの上方の町人を中心に栄えた文化は元禄文化である。

POINT

・元禄文化…17世紀後半〜18世紀初め，
　　　　　　上方（大阪・京都）の町人中心。

・化政文化…19世紀初め，
　　　　　　江戸の町人中心。

(3) 19世紀初めには，幕府の命を受けた伊能忠敬がヨーロッパの技術で全国の海岸線を測量し，正確な日本地図がつくられた。

(4) **P** 8代将軍徳川吉宗は，キリスト教に関係のないヨーロッパの書物の輸入制限を緩和した。これにより，オランダ語でヨーロッパの学問を学ぶ蘭学が発展した。蘭学は，杉田玄白，前野良沢らがオランダ語で書かれた医学書を翻訳し，『解体新書』として出版したことで，より発展した。

Q シーボルトの鳴滝塾は，江戸時代につくられた私塾の一つで，蛮社の獄で処罰された高野長英は鳴滝塾で蘭学を学んだ。

(5) 国学は，日本の古典を研究し，日本古来の精神を明らかにしようとする学問で，本居宣長は『古事記伝』を著した。

文明のおこりと日本の成り立ち

入試問題で実力チェック！ →本冊P.61

1 (1)くさび形文字　(2)ア
　　(3)甲骨文字

2 (1)ⓐ　(2)イ

3 イ　**4** ウ

5 旧石器時代

6 土偶　　**7** ウ

8 エ　　**9** エ

10 (1)前方後円墳　(2)イ
　　(3)(例)倭の王としての地位と朝鮮半島南部の支配権を，中国の皇帝から認めてもらうため。

11 (例)3世紀に大和地方を中心に分布していた前方後円古墳が，5世紀には国内各地に広がっており，埼玉県や熊本県の古墳で大王の名が刻まれた鉄剣や鉄刀が出土していることから，大和政権〔ヤマト王権〕の勢力が関東地方や九州地方にも拡大したと考えられる。

12 (1)渡来人　(2)ア

13 (1)ウ　(2)エ
　　(3)漢

解説

1 (1)ハンムラビ法典は，紀元前18世紀ごろ，バビロニアのハンムラビ王が定めた法典で，くさび形文字を用いて書かれた。

(2)メソポタミア文明はチグリス川・ユーフラテス川流域，エジプト文明はナイル川流域，インダス文明はインダス川流域，中国文明は黄河・長江流域と，いずれも大河の流域で成立した。

(3)甲骨文字は漢字のもととなった文字で，紀元前16世紀ごろに栄えた中国の殷で用いられていたとされている。占いなどに利用され，亀の甲羅や牛の骨に刻まれた。

2 (1)写真はピラミッドで，ナイル川流域におこったエジプト文明を代表する遺跡。ピラミッドはエジプトの王の墓である。

(2)Xは黄河流域の中国文明が発生した地域であるから，イがあてはまる。アはモヘンジョ・ダロなどの都市遺跡が残るインダス文明，ウは7世紀以降に発展したイスラム帝国，エはエジプト文明について述べた文である。

3 紀元前8世紀ごろのギリシャでは，アテネやスパルタのような都市国家〔ポリス〕が形成され，成年の男性からなる市民によって政治が行われていた。特に，最も繁栄していたアテネでは，男性の市民全員が参加して話し合いを行い，国の方針を決める民主政が行われていた。アの紀元前3000年ごろのエジプトではエジプト文明が栄えていた。この文明では，王の墓であるピラミッドがつくられていた。ウの紀元前3世紀ごろの秦では，始皇帝が中国を統一していた。エの紀元前1世紀ごろのローマ帝国では，皇帝が支配する帝政が行われていた。

POINT

古代のギリシャやローマの文明をおさえよう。

ギリシャ

・紀元前8世紀ごろに都市国家〔ポリス〕を形成
→アテネでは民主政が行われる。

・紀元前4世紀にアレクサンドロス大王がペルシャを征服→ギリシャ文明が広まる（ヘレニズム）。

ローマ

・紀元前6世紀に王政を廃止し，貴族による共和政が行われる。

・紀元前30年に帝政に変わる。
→ローマ帝国の成立。

---

4 紀元前はB.C.，紀元後はA.D.で表す。7世紀とは，601年～700年の100年間のこと。

5 約1万年前まで続いた，人類が打製石器を使用し，狩りや採集などを行い，移動生活をしていた時代を旧石器時代という。日本に旧石器時代はないとされていたが，群馬県にある岩宿遺跡で打製石器が発見されたことから，日本にも旧石器時代があったことが明らかになった。

6 土偶は，人の形にかたどられた土製の人形で，

安産や魔除け，豊かな実りを祈るためにつくられたとされる。

7 三内丸山遺跡は青森県にある縄文時代の遺跡なので，**ウ**の縄文土器があてはまる。**ア**の埴輪は古墳時代，**イ**の銅鐸と**エ**の金印は弥生時代のものである。

8 吉野ヶ里遺跡は佐賀県に位置し，二重の濠や巨大な物見やぐら，高床倉庫群などの跡が発見されている。

<table>
<tr><td colspan="3">POINT</td></tr>
<tr><td colspan="3">古代の遺跡とおもな出土品をまとめよう。</td></tr>
<tr><td>時代</td><td>遺跡</td><td>出土品</td></tr>
<tr><td>旧石器時代</td><td>岩宿遺跡
（群馬県）</td><td>打製石器</td></tr>
<tr><td>縄文時代</td><td>三内丸山遺跡
（青森県）</td><td>縄文土器，土偶</td></tr>
<tr><td>弥生時代</td><td>吉野ヶ里遺跡
（佐賀県）
登呂遺跡
（静岡県）</td><td>弥生土器，
青銅器（銅鐸など），
石包丁</td></tr>
<tr><td>古墳時代</td><td>大仙（大山）古墳
（大阪府）
稲荷山古墳 →
（埼玉県）
江田船山古墳 →
（熊本県）</td><td>埴輪，須恵器

鉄剣

鉄刀</td></tr>
</table>

9 3世紀，倭には邪馬台国という国があり，卑弥呼という女王が30ほどの国を治めていたことが魏について書かれた歴史書である『魏志』の「倭人伝」に記されている。卑弥呼は魏に使いを送り，皇帝から「親魏倭王」の称号と金印を授けられた。

10 (1)写真は大阪府堺市にある大仙（大山）古墳（仁徳陵古墳）で，5世紀につくられたとされる。前側が方形（四角形），後ろ側が円形になっていることから，前方後円墳とよばれる。

(2)5世紀になると，中国や朝鮮半島から日本へ一族で移り住む渡来人とよばれる人々が増えた。**ア**は平安時代，**ウ**は奈良時代，**エ**は弥生時代の様子である。

(3)当時の中国の皇帝の権力は東アジア全体におよんでおり，その権威を借りようとして，

倭はたびたび使者を送った。

11 図から，3世紀から5世紀にかけて前方後円墳が九州から東北地方南部にまで広がっていることが読み取れる。3世紀後半に奈良盆地を中心に現れた大和政権（ヤマト王権）は，5世紀にはその勢力を広げ，多くの豪族を従えていたと考えられている。

12 (1)渡来人は，漢字や儒教，仏教などのほか，須恵器とよばれる硬質の土器のつくり方や土木技術なども日本に伝えた。

(2)仏教が伝来したのは古墳時代のこと。**イ**の土偶は縄文時代につくられた。**ウ**の青銅器と**エ**の稲作は縄文時代末ごろに伝えられた。

13 (1)資料**A**の石包丁は，稲の穂を刈り取るための道具である。

(2)資料**B**は，銅鐸とよばれる青銅器の1つである。青銅器は銅とすずの合金でつくられたもので，銅鐸のほか，銅剣，銅鏡，銅鉾などがある。青銅器はおもに祭りの道具として用いられた。農作業の道具として用いられたのは青銅器と同じ時期に伝わった鉄器である。

(3)資料**C**は，福岡県志賀島から出土した金印で，後漢の光武帝が奴国の王に授けたものと考えられている。金印には「漢委奴国王」という文字が刻まれている。

現代の民主政治

入試問題で実力チェック！ →本冊P.65

1 ①：平等　②：普通

2 エ　　3 2（議席）

4 立法　　5 ウ

6 （例）衆議院は任期が短く，解散があるため，国民の意見をより反映すると考えられているから。

7 ①：4　②：解散

8 ア，エ（順不同）　　9 議院内閣制

10 イ　　11 ア

12 ア

13 （例）憲法に違反していないかどうか

14 イ，オ（順不同）　　15 条例

16 X：ウ　Y：ア　Z：イ

17 あ：イ　い：ウ

18 （例）権力が一つの機関に集中すること

解説

1 一定年齢以上のすべての国民が選挙権を持つ制度を，**普通選挙**という。日本では，1925年に普通選挙法が制定され，納税額による制限が撤廃され，満25歳以上のすべての男子に選挙権が与えられた。女性に選挙権が与えられたのは，第二次世界大戦後のことである。選挙権年齢は，2016年から満20歳以上から満18歳以上に引き下げられた。

POINT

選挙の4つの原則をおさえておこう。

普通選挙	一定年齢以上のすべての国民が選挙権を持つ。
平等選挙	一人が持つ一票の価値は平等である。
直接選挙	投票者が代表を直接選ぶ。
秘密選挙	無記名で投票する。

2 得票に応じて各政党の議席数を決めるのは**比例代表制**である。比例代表制の場合，得票の少ない政党も議席を得ることができるので，死票は少なくなる。さまざまな意見が政治に反映されやすいが，多党制になって議会運営

が難しくなる。一方，**小選挙区制**は，1選挙区から1人を選ぶ選挙制度で，死票が多くなるが，物事を決めやすくなり，議会運営が容易になるという利点を持つ。

3 **ドント式**とは，日本の比例代表制で採用されている議席配分のしくみで，各政党の得票数を整数の1，2，3，…で割っていき，その数値が大きい順に議席を配分するしくみである。定数が5議席なので，A党が2議席，B党が2議席，C党が1議席獲得し，D党は0である。

POINT

ドント式における獲得議席は，各政党の得票数を，整数で順に割って求める。

政党名	A党	B党	C党	D党
得票数	1800	1500	960	720
÷1	1800①	1500②	960③	720
÷2	900④	750⑤	480	360
÷3	600	500	320	240

4 **立法**とは，法律を制定することである。

5 **常会〔通常国会〕**では予算案の審議が行われる。また，衆議院が解散されている間に緊急の事態が起こった場合は，内閣の求めにより**参議院の緊急集会**が開かれる。

6 議員の任期は，衆議院が4年，参議院が6年で，衆議院の方が，**任期が短く，解散もある**ので，国民の意見がより反映されていると考えられることから，**衆議院の優越**が認められている。

7 衆議院議員の任期は4年だが，解散により，任期の途中で失職することもある。参議院議員の任期は6年で3年ごとに半数が改選される。参議院には解散はない。

8 **内閣**は，国会で成立した法律や予算にもとづいて政策を実行する**行政権**を持つ。**イ**の法律の制定と**ウ**の予算の審議は国会の仕事である。予算案の作成は内閣が行う。

9 **議院内閣制**は，内閣が国会の信任の下に成り立ち，おたがいに権力の行き過ぎを抑制する制度である。衆議院で内閣不信任が決議されると，内閣は10日以内に衆議院を解散する

か，総辞職しなければならない。

10 内閣不信任決議は，衆議院でのみ行うことができる。衆議院解散後の総選挙の日から30日以内に召集される国会は特別会〔特別国会〕で，内閣総理大臣の指名が行われる。臨時会〔臨時国会〕は，必要に応じて開かれる国会で，内閣が必要と認めたとき，または衆議院・参議院のいずれかの議院の総議員の４分の１以上の要求があった場合に開かれる。

11 日本の裁判所は，最高裁判所と，高等裁判所，地方裁判所，家庭裁判所，簡易裁判所の４種類の下級裁判所で構成されている。最高裁判所は東京都に１か所，高等裁判所は全国に８か所，地方裁判所と家庭裁判所は全国に50か所，簡易裁判所は全国に438か所設置されている。

12 日本の裁判では，一つの事案に対して原則３回まで裁判を受けられる三審制を採用している。第一審の判決に不服の場合，第二審の裁判所に訴えることを控訴，第二審の判決に不服の場合，第三審の裁判所に訴えることを上告という。三審制は，裁判を慎重に行い，人権を守るためのしくみである。

13 裁判所は，法律などが憲法に違反していないかどうかを審査する違憲審査権を持っている。最高裁判所は，違憲審査権の最終決定権を持っていることから，「憲法の番人」とよばれている。

14 市町村長の被選挙権年齢は満25歳以上だが，都道府県知事の被選挙権年齢は満30歳以上なので，**ア**は誤り。**ウ・エ**は地方議会の仕事なので誤り。

15 条例は，地方公共団体の議会が制定する独自の法で，法律の範囲の中で制定することができる。

16 地方自治では，より住民の意思を政治に反映させるため，直接請求権が認められている。

POINT

議会の解散請求や議員・首長の解職請求など，役職を失わせる内容の請求には，原則として有権者の３分の１以上の署名数が必要になり，その後住民投票が行われる。

17 **あ** 立法権を担う国会が，行政権を担う内閣に対して行うことは，内閣不信任の決議である。**い** 司法権を担う裁判所が国会に対して行うことは，国会が制定した法律が憲法に違反していないかどうかを審査する法律の違憲審査である。

アの衆議院の解散は，内閣が国会に対して行う。**エ**の命令・規則の違憲審査は，裁判所が内閣に対して行う。**オ**の裁判官の弾劾裁判は，国会が裁判所に対して行う。**カ**の最高裁判所長官の指名は内閣が裁判所に対して行う。

18 三権分立のしくみは，フランスの思想家モンテスキューが『法の精神』の中で唱えた主張で，一つの機関に権力が集中することを防ぐためのしくみである。

| 公民編 でる順 **2**位 | **くらしと経済** |

入試問題で実力チェック！ ➡本冊P.69

1 (1)**家計** (2)**クーリング・オフ〔制度〕**
　(3)**製造物責任法〔ＰＬ法〕**
　(4)**流通**

2 (例)**費用をおさえる目的。**

3 **ア，オ**(順不同)

4 (1)**直接金融** (2)**株主総会**

5 **ウ** **6** **労働基準法**

7 **イ** **8** **イ**

9 名称：**公共料金**
　理由：(例)**国民の生活に大きな影響を与えるから。**

10 **独占禁止法** **11** **イ**

12 (1)**ア**
　(2)(例)**預金に対する利子の比率よりも，貸し出しに対する利子の比率を高く設定する。**

13 **エ** **14** **ウ**

解説

1 (1)家計は，収入を得て，それをさまざまなものに支出している。

　(2)クーリング・オフ制度は，訪問販売などで消費者の被害が増加したため，導入された。

訪問販売などは8日以内，マルチ商法などの場合は20日以内に，事業者に書面で知らせると無条件で解約できる。

(3)<u>製造物責任（PL）法</u>は，安全な商品を提供することを企業に義務づけることを目的に，1994年に制定された。

(4)製品が生産者から消費者に届く流れを<u>流通</u>という。生産者と消費者の間に，<u>卸売業者</u>や<u>小売業者</u>が仲介することが一般的である。

2 製品が生産者から消費者に届くまでに，数多くの業者を介し，流通経路が複雑になると商品が届くまでに時間と費用が多くかかる。**資料1**では，製造業者から直接小売業者へ届けることで，流通にかかる費用を減らそうとしていることが読み取れる。直接仕入れや一括仕入れのしくみを取り入れることよって，複雑な流通経路を，簡略化することを<u>流通の合理化</u>という。

3 <u>POSシステム</u>とは，店のレジで商品のバーコードを読み取ることで，どの商品がいつ，いくらで，どれくらい売れたのかという情報を記録するしくみのこと。商品の生産や流通，在庫管理を効率的に行うことができる。

4 (1)金融には，お金を借りる側と貸す側が直接やりとりを行う<u>直接金融</u>と，金融機関が間に入って行われる<u>間接金融</u>の2つの方法がある。直接金融の実際の取り引きでは，証券会社が株式や債券などの売買を仲介するのが一般的である。

POINT

株式や債券の発行は<u>直接金融</u>，銀行にお金を預けたり，銀行からお金を借り入れたりするのは<u>間接金融</u>。

---

(2)<u>株主総会</u>は，株式を購入して株主となった者が出席して，会社の方針や決算の承認を行う機関。

5 製造業では，働く人が299人以下の<u>中小企業</u>と，300人以上の<u>大企業</u>に分けられる。日本の企業数の99％は中小企業だが，売上高の半分以上は大企業が占めている。

6 労働条件の最低限の基準を定める法律である労働基準法では，労働時間は1日8時間以内，週40時間以内と定められている。<u>労働組合法</u>，<u>労働関係調整法</u>とともに，労働三法ともよばれている。

7 **ア**は，近年は正規雇用労働者を減らし，<u>非正規雇用労働者</u>を増やす傾向にあるので誤り。**ウ**は，<u>年功序列賃金</u>は年齢とともに上昇する賃金形態で，近年は減少傾向にあるので誤り。近年は<u>成果主義</u>を採用する企業が増えている。**エ**は，非正規雇用労働者は，一般的に正規雇用労働者より賃金が低く設定されているので誤り。

8 買い手が商品を買いたい量を<u>需要量</u>，売り手が商品を売りたい量を<u>供給量</u>といい，需要量と供給量が一致する価格を<u>均衡価格</u>という。価格が**P**の時，供給量が需要量を上回っている状態なので，商品が売れ残る可能性がある。売れ残りを減らすために，売り手は商品の価格を下げると考えられる。

9 ガスや水道，電気などの価格を<u>公共料金</u>といい，国民生活への影響が大きい料金であることから，国や地方公共団体が決定・認可している。

POINT

おもな公共料金を確認しよう。

国が決定するもの	社会保険診療報酬，介護報酬など
国が上限を設けるもの	電気料金，都市ガス料金，鉄道運賃，乗合バス運賃，高速自動車国道料金，タクシー運賃など
国に届け出るもの	固定電話の通話料金，国内航空運賃，郵便料金など
地方公共団体が決定するもの	公営水道料金，公立学校授業料など

---

10 <u>独占禁止法</u>は，企業の自由競争を促し，消費者の利益を守るために，1947年に制定された。<u>公正取引委員会</u>がこの法律の運用を行い，監視や指導を行っている。

11 <u>物価</u>とは，さまざまな商品の価格を平均化したもので，ある年を基準年とした指数で表される。物価は，経済状態を示す景気と密接につながっている。

POINT

好景気と不景気のちがいをおさえよう。

好景気 〔好況〕	需要が供給を上回り，物価が上がり続けるインフレーションが起こる。
不景気 〔不況〕	需要が供給を下回り，物価が下がり続けるデフレーションが起こる。

12 (1)日本銀行は，日本の中央銀行である。日本銀行には，日本銀行券とよばれる紙幣を発行する発券銀行，一般の銀行に対してお金の貸し出しや預金の受け入れを行う銀行の銀行，政府の資金の取り扱いを行う政府の銀行の３つの役割がある。

(2)一般の銀行は，預金の利子と貸し出しの利子の比率に差をつけることで利潤を得ている。

13 金融政策は，日本銀行が行う景気対策で，一般に国債などの売買を通じて通貨量を調節する。これを公開市場操作（オペレーション）という。

POINT

日本銀行の金融政策をまとめよう。

好景気 〔好況〕 のとき	国債などを一般の銀行に売ることによって，一般の銀行の持つ通貨量を減らそうとする。
不景気 〔不況〕 のとき	国債などを一般の銀行から買うことによって，一般の銀行の持つ通貨量を増やそうとする。

14 為替相場〔為替レート〕は，自国と外国の通貨の交換比率のこと。円高は１ドル＝100円が１ドル＝90円になるように，外国の通貨に対して円の価値が高まることで，外国の製品を安く仕入れることができるので，輸入産業にとっては有利な状況となる。円安は１ドル＝100円が１ドル＝110円になるように，外国の通貨に対して円の価値が低くなること。輸出産業にとっては有利な状況となり，日本に来る旅行者が増加する。

公民編
でる順 **3**位

個人の尊重と日本国憲法

入試問題で実力チェック！ →本冊P.73

1 ウ→イ→ア　　**2** 立憲主義

3 ウ

4 (1)イ　(2)個人

　(3)X：ウ　Y：ウ　Z：エ

5 (1)象徴　(2)ア，エ(順不同)

6 X：戦力　Y：交戦権

7 (1)イ　(2)男女共同参画社会基本法

　(3)エ　(4)イ

8 (例)低い賃金の下で長い時間働かされた

9 ウ

10 (1)納税の義務　(2)公共の福祉

　(3)知る権利　(4)イ　(5)イ

解説

1 アの世界人権宣言は，第二次世界大戦後の1948年に国際連合で採択された。イの社会権を認めたワイマール憲法が制定されたのは第一次世界大戦後の1919年。ウのフランス人権宣言が採択されたのは，フランス革命のときの1789年。よって，ウ→イ→アの順となる。

2 立憲主義は，憲法にもとづく法の支配によって政治を行うという考え方である。日本では，憲法は国の最高法規で，憲法に反する法律は無効となる。

3 かつて絶対王政が行われていた時代は，権力者が政治権力によって国民を支配する人の支配が行われていた。現在は，国民が定めた法によって，政府の政治活動を制限する法の支配が各国で行われている。

4 (1)日本国憲法は1946年11月3日に公布され，1947年5月3日に施行された。現在，5月3日は憲法記念日，11月3日は文化の日という国民の祝日になっている。

(2)日本国憲法第13条では「個人の尊重」について明記されている。この考えは，基本的人権の土台となっている。

(3)日本国憲法は国の最高法規なので，その改

正についてはより慎重な手続きが定められている。憲法改正原案が国会に提出されると，衆議院・参議院それぞれの総議員の3分の2以上の賛成で憲法改正の発議が行われる。その後，国民投票にかけられ，有効投票の過半数の賛成で承認されると，天皇が国民の名において公布する。

5 (1)大日本帝国憲法では主権は天皇にあったが，日本国憲法では主権は国民にあり，天皇は「日本国と日本国民統合の象徴」と憲法第1条で定められている。

(2)天皇は，政治に関与せず，内閣の助言と承認によって形式的・儀礼的な国事行為のみを行うことになっている。**イ**の国務大臣を任命するのは内閣総理大臣，**ウ**の弾劾裁判所を設置するのは国会，**オ**の最高裁判所長官を指名するのは内閣である。

6 日本国憲法の基本原理の一つである平和主義については，前文と第9条で明記されている。第9条では，戦争の放棄，戦力の不保持と交戦権の否認を定めている。

7 (1)あらゆる基本的人権は，個人の尊重という考え方にもとづいており，個人の尊重は法の下の平等（平等権）と深く関わっていることから**イ**の図を選ぶ。

(2)男女共同参画社会基本法は，男性も女性も対等な立場で活躍する男女共同参画社会を実現するために定められた。

(3)日本国憲法が定める精神の自由には，思想・良心の自由，信教の自由，集会・結社・表現の自由，学問の自由があり，国が発表前に言論を検閲することを禁じている。**ア**は身体の自由，**イ**は平等権の侵害にあたる。**ウ**は経済活動の自由の中の職業選択の自由に含まれるが，公共の福祉に照らして実施された場合には，かならずしも権利の侵害とはいえない。

(4)憲法第25条で定められている「健康で文化的な最低限度の生活を営む権利」は，社会権の中でも，最も基本的な権利である生存権にあたる。**ウ**の勤労の権利，**エ**の教育を受ける権利，**オ**の労働基本権も社会権に含まれる。

8 19世紀になると，資本主義経済の発展にともない，貧富の差が拡大した。労働者の低賃

金や長時間労働が社会問題になったことから，人間らしい生活を求める権利である社会権が求められるようになった。

9 労働基本権は，社会権の一つとして保障されている。

<table>
<tr><td colspan="2">**POINT**</td></tr>
<tr><td colspan="2">労働基本権についてまとめよう。</td></tr>
<tr><td>団結権</td><td>労働者が団結して行動するために労働組合をつくる権利</td></tr>
<tr><td>団体交渉権</td><td>労働組合が賃金などの労働条件を雇い主と交渉する権利</td></tr>
<tr><td>団体行動権</td><td>労働者が要求を実現するためにストライキなどを行う権利</td></tr>
</table>

10 (1)日本国憲法では，国民が守らなければならない義務として，子どもに普通教育を受けさせる義務，勤労の義務，納税の義務の3つを定めている。

(2)日本国憲法で保障されている権利や自由には，他人の権利や自由を侵してはならないという限界がある。このような人権の限界や制限について，憲法では，社会全体の利益を意味する公共の福祉という言葉で明記している。

(3)情報公開制度は，国や地方公共団体が，請求に応じて情報を開示するしくみで，国民の知る権利を保障するために設けられている。

(4)インフォームド・コンセントは，患者が治療方法などを自分で決定できるように，医師から十分な説明を受けた上で同意をするという考え方で，自己決定権を保障するためのものである。

<table>
<tr><td>**POINT**</td></tr>
<tr><td>　自己決定権，環境権，プライバシーの権利，知る権利は，憲法に明記されていない新しい人権で，社会の発展にともない，主張されるようになった。</td></tr>
</table>

(5)1948年に国連で採択された世界人権宣言に法的な効力を持たせるため，1966年に国際人権規約が採択された。

財政と国民の福祉

入試問題で実力チェック！ →本冊P.77

1 社会資本　　**2** ウ

3 エ　　**4** ア

5 イ　　**6** ウ

7 （例）所得が多いほど，負担する税率が高くなる

8 (1)カ　(2)介護保険制度
　(3)イ

9 エ　　**10** カ

11 (1)環境基本法
　(2)（例）レジ袋や割り箸などをもらわないようにする。〔なるべくエコバッグを使うようにする。〕
　(3)イ

解説

1 社会資本は，利潤の追求を目的とした民間の企業だけでは担うのが難しい公園，道路，水道などの公共的な施設のことをいい，国や地方公共団体が税金を使って整備を行っている。

2 1979年から2019年にかけて高齢化が進んでいるので，医療や年金，社会福祉などの社会保障関係費がだんだん増えていることが考えられる。社会保障関係費の割合が最も小さいQが1979年度，その次に割合が小さいPが1999年度，最も割合が大きいRは2019年度である。

3 財政政策は，歳入や歳出を通じて政府が行う景気を安定させる政策である。不景気の場合は，減税を行う。

POINT

政府が行う財政政策を確認しよう。

	不景気〔不況〕	好景気〔好況〕
歳入	減税する。 →企業や家計の消費を増やそうとする。	増税する。 →企業や家計の消費を減らそうとする。
歳出	公共投資を増やす。 →民間企業の仕事を増やそうとする。	公共投資を減らす。 →民間企業の仕事を減らそうとする。

4 国税で直接税のAはエの所得税，道府県税で直接税のBはウの自動車税，道府県税で間接税のCはイの地方消費税である。

5 ア，ウ，エはすべて国税である。

6 Pについて，消費税は税金を納めなければならない人（納税者）と実際に税金を負担する人（担税者）が異なる間接税であるので誤り。

7 所得税や相続税にみられる累進課税は，所得が多くなればなるほど，税率が高くなる方式で，これは，政府の役割の一つである国民の経済格差の是正を図る目的でとられている。

8 (1)Aの社会福祉は，高齢者や障がいのある人，子どもなど，立場が弱い人々を支援するしくみ，Bの社会保険は，人々があらかじめ保険料を積み立てておき，病気や高齢になったときなどに給付を受けるしくみ，Cの公衆衛生は，人々の健康や安全な生活を守るために，感染症の予防や生活環境の改善などを行うしくみ，Dの公的扶助は，最低限の生活を送ることができるように，生活保護法などにもとづいて生活費や教育費などを支給するしくみである。

　(2)介護保険制度で受けることができるサービスは，訪問介護やデイサービス，ショートステイなどである。

　(3)医療保険の保険料を引き上げると，国民の負担が大きくなる。また，医療機関で支払う医療費の自己負担が少なくなると，社会保障給付費が多くなるのでイがあてはまる。

9 小さな政府とは，政府の役割を治安の維持や安全保障など必要最小限にとどめる政府である。大きな政府とは，現代の政府に多い，人々のくらしを安定させるために，社会保障や雇用の確保，教育などのさまざまな役割を担う政府である。よって，AとCは大きな政府，Bは小さな政府の政策である。

10 現在は15〜64歳の人々が約2人で65歳以上の高齢者1人を支えていることになり，50年前は，15〜64歳の人々が約10人で65歳以上の高齢者1人を支えていたことになるので，あ・い・うは誤りである。

11 (1)公害対策基本法では，公害問題について国や企業の責任を明らかにしたが，環境基本法では，地球温暖化や砂漠化など，地球規

模の環境問題にも取り組むことが盛りこま
れている。

(2) ３Rとは，不要なごみを減らすリデュース，
資源をくり返し使用するリユース，ごみを
資源として再生利用するリサイクルのこと。

(3) アについて，有効利用量は増加し，有効利
用率も上昇しているので誤り。ウについて，
有効利用率は上昇しているので誤り。エに
ついて，総排出量は減少し，有効利用率は
上昇しているので誤り。

公民編 でる順 **5**位

地球社会と私たち

入試問題で実力チェック！ →本冊P.81

1 (1)**国際法** (2)**内政不干渉の原則**
(3)P：**排他的経済** Q：**イ**

2 (1)**ア** (2)**イ**
(3)**イ** (4)**平和維持活動〔PKO〕**
(5)**持続可能な開発目標〔SDGs〕**
(6)(例)**国家の主権平等という原則がある
から。**

3 (例)**常任理事国のロシアが反対したため，
この決議案は採択されなかった。**

4 **イ** **5** **EPA**

6 **京都議定書** **7** **ウ**

8 記号：**ウ**
理由：(例)**バイオ燃料〔バイオエタノール〕
として使われる量が増えているから。**

9 **ウ** **10** **ODA**

11 **ア** **12** **フェアトレード**

13 (例)**発展途上国の間の経済格差とそれに
よって起こる諸問題。**

14 (例)**廃プラスチックの輸出ができなくなっ
てきているので，国内で排出される量を減
らすこと。〔国内での再生利用を進めるこ
と。〕**

解説

1 (1)かつて国際法には慣習法が多かったが，最
近では条約が増えてきている。

(2) 主権国家は，国民，領域，主権の３つの要
素を持つ国家で，内政不干渉の原則が認め
られている。

(3) 沿岸国に漁業資源や鉱産資源を開発する権
利が認められているという記述から，**P**に
は排他的経済水域があてはまる。排他的経
済水域の範囲では，どの国にも船の航行や
上空の飛行，海底ケーブルの敷設などは認
められている。領空は，領土と領海の上空
のこと。

2 (1)国際連合の安全保障理事会の非常任理事国
は任期が２年で，毎年半数ずつ改選されて
いる。

(2)国際紛争を調査し，解決方法を勧告する組
織は安全保障理事会。安全保障理事会は，
世界の平和と安全の維持を目的に設立され
た国際連合の最重要機関で，加盟国には
その決定に従う義務がある。**ア**の国連難民高
等弁務官事務所〔UNHCR〕は，すべての
難民を救済するため，国連の総会により設
けられた機関で，1991年から10年間日本
の緒方貞子が高等弁務官として活躍した。
ウの世界保健機関〔WHO〕は，国際連合の
専門機関の一つで，世界の人々の健康達成
を目的に設立された。**エ**の国際司法裁判所
は，オランダのハーグにある国際司法機関
で，国家間の法的な紛争を国際法に従って
解決する。

(3)ユネスコ〔UNESCO〕は国連教育科学文
化機関の略称で，本部はパリに置かれてい
る。世界遺産の登録も行っている。

(4)PKOは紛争地域にPKF〔平和維持軍〕を
送り，停戦の監視などを行う。

(5)SDGsとは，Sustainable Development
Goalsの略称である。

(6)独立国は，他国に支配されたり，干渉され
たりしない権利や，他の国と平等である権
利を持つ主権国家であるから，国際連合で
も１国１票が原則になっている。

3 安全保障理事会の常任理事国（アメリカ，イ
ギリス，フランス，ロシア，中国）は，１か
国でも反対すると重要な議案について決定で
きないという拒否権が与えられている。この
決議案に反対した国のうち，ロシアは常任理

事国の一つなので，採択されなかった。

4 ＡＰＥＣは，アジア太平洋経済協力会議の略称である。**ア**のＥＵはヨーロッパ連合，**ウ**のＩＭＦは国際通貨基金，**エ**のＵＳＭＣＡは米国・メキシコ・カナダ協定の略称である。

5 経済連携協定の略称はＥＰＡ。ＥＰＡを利用して，積極的に海外展開を進めている日本企業も多い。

6 先進国全体で5.2％となっており，発展途上国には削減義務が設けられていないことから，1997年に開かれた地球温暖化防止京都会議で採択された京都議定書の内容だとわかる。

7 パリ協定によって，すべての締約国が温室効果ガスの排出削減に取り組むこととなった。

POINT

京都議定書とパリ協定のちがいをおさえよう。

京都議定書	パリ協定
1997年採択	2015年採択
先進国に削減義務	すべての締約国が対象
目標の達成義務	目標の提出（達成義務はない）

---

8 **ア**〜**ウ**は主食となる農産物であるが，このうち，とうもろこしは，再生可能エネルギーであるバイオ燃料（バイオエタノール）の原料としての需要が高まったため，2000年以降生産量が急増している。植物は，生長過程で二酸化炭素を吸収するため，燃焼させても二酸化炭素の量は増えないとされ，とうもろこしは温暖化対策として，さとうきびとともに近年注目されている。

9 バイオマスは，農林水産物，食品廃棄物，動物排泄物，木くずなど生物由来の資源のことで，燃やしたり，ガス化したりすることで発電できるため，再生可能エネルギーに位置づけられている。**ア**，**イ**，**エ**は化石燃料で，温室効果ガスを発生させる。

10 政府開発援助（ＯＤＡ）とは，発展途上国の経済の発展や福祉の向上に役立たせるために行う先進国の資金・技術協力のこと。日本では，ＪＩＣＡ（国際協力機構）が実施業務を担って，青年海外協力隊などを派遣している。

11 政府開発援助額が，最も多いのは，アメリカ合衆国である。**Ｂ**はドイツ，**Ｃ**はイギリス，**Ｄ**は日本。

12 フェアトレードは，日本語で公正貿易と訳される。発展途上国の農産物や製品を適正な価格で継続的に購入することで，立場の弱い発展途上国の労働者の生活を守ることが目的である。

13 先進国と発展途上国の間に生じる格差を南北問題というが，発展途上国の間にも発展している国とそうでない国との格差が広がっていることから，南南問題とよばれている。

14 日本の廃プラスチックの処理は，資料2から海外にたよっていること，資料3からその海外とはアジアの国々であること，資料4からその輸出先のアジアでの処理が困難になっていることが読み取れる。排出量そのものを減らしたり，国内での処理量を増やしたり，再生利用をしたりする必要があると考えることができる。

公民編

でる順 **6**位

現代社会と私たち

入試問題で実力チェック！　→本冊P.85

1 (1)グローバル化　(2)エ
　　(3)ア　(4)イ
2 ア　**3** エ　**4** カ
5 記号：イ，ウ，オ（順不同）
　　語句：共同参画社会
6 Ｘ：ウ　Ｙ：ア　Ｚ：ウ
7 (1)多数決　(2)エ
8 （例）サッカー以外に投票した人の方が多いこと。
9 （例）それぞれの国が得意とするものの生産に専念できるので，全体の生産量が増えること。

解説

1 (1)国際的な交通網や通信網の整備などにより進む世界の一体化を，グローバル化という。

　　(2)国際分業とは，それぞれの国が競争力の強

い産業に力を入れ，競争力の弱い製品は他国から輸入して，たがいに利益を受け，自国の経済発展に役立てる貿易のしくみである。

(3)**イ**のマイクロクレジットは，貧しい人々が事業を始めるために，少額のお金の融資を受けるしくみ，**ウ**のバリアフリーは，障がいのある人などにとって障壁となるものを取り除こうとする考え方，**エ**のクラウドファンディングは，ある目的のためにインターネットなどを通じて，人々からお金を調達するしくみである。

(4)柏餅や粽，菖蒲湯などは，5月5日の端午の節句と関係が深い。**ア**の七五三は11月に7歳，5歳，3歳の子どもの成長を祝う行事，**ウ**の節分・豆まきは暦の上で季節が冬から春に変わる2月3日ごろに邪気をはらうために豆をまく行事。**エ**の七夕は7月（地域によっては8月）に短冊に願い事を書いて笹に飾るなどの行事。

2 日本では，他の先進国と比べて，<u>高齢化</u>が急激に進んでいる。

3 **ア**について，ネットショッピング利用世帯の割合は，世帯主の年齢階級が低くなるほど高くなるので誤り。**イ**について，月平均支出金額が最も高いのは40〜49歳なので誤り。**ウ**について，電子マネー利用世帯の割合は，2014年に対して2015年は下回っているので誤り。

4 節分・豆まき（2月）→ひな祭り（3月）→お盆（8月，地域によっては7月）の順になる。

5 夫婦のみ，夫婦と未婚の子ども，一人親と未婚の子どもだけの世帯を<u>核家族世帯</u>という。社会の変化とともに増えてきたが，現在では，一人暮らしの<u>単独世帯</u>の割合が増えてきている。

6 **X** 人間は，家族や学校，職場といった社会集団の中で生きており，一人では生きられないことから，<u>社会的存在</u>とよばれている。**ア**の全体の奉仕者は公務員をさす。**イ**のオンブズパーソンは行政が適正に行われているか監視したり，住民の苦情を処理したりする人。
Y 合意を導くのに必要な考えのうち，<u>公正</u>には，きまりをつくる過程で全員が参加して

いるか（<u>手続きの公正</u>），機会が不当に制限されていないか（<u>機会の公正</u>），結果が不当な内容になっていないか（<u>結果の公正</u>）という3つの観点が求められる。
Z 労力や時間，お金をむだなく使うという考え方を<u>効率</u>という。

> **POINT**
>
> **公正**…不当な扱いを受けている人がいないか，全員が納得する内容かどうか。
>
> **効率**…お金や労力，時間にむだがないか。

7 (1)採決の仕方には，全員が賛成して決定する<u>全会一致</u>と，より多くの人が賛成する意見を採用する<u>多数決</u>がある。

(2)全会一致で採決を行おうとすると，全員が納得するまで決定に時間がかかる。多数決は，限られた時間内で結論を出すのに有効だが，<u>少数意見を尊重</u>することも重要である。

8 多数決の結果，最も投票数が多かったサッカーに決定したが，サッカーへの投票数より，バスケットボールへの投票数とバレーボールへの投票数の合計の方が多いので，反映されていない意見の方が決定したものよりも投票数が多かったことが問題点である。

9 資料2から，国際分業を行わない場合のA国とB国の合計生産量はコンピューター4台ととうもろこし4トンだが，国際分業を行った場合の合計生産量はコンピューター10台ととうもろこし5トンと生産量が増える点に着目する。

1 (1)**ユーラシア大陸**

(2)**1月5日午後7時**　(3)**オ**

2 (1)**記号：ウ，信濃（川）**

(2)**記号：B，石川（県）**

(3)**（例）暖かい気候や施設を利用して作物の生育を促し，出荷時期を早める方法。**

3 (1)**ウ**　(2)**エ**

(3)**武家諸法度**

(4)**①：ア　②：オ**

(5)**ウ→ア→イ**

(6)**（例）政府が地主の土地を買い上げ，小作人に安く売り渡して，自作農を増やした。**

4 (1)**（例）国のあり方を最終的に決定する権限を，国民が持っているということ。**

(2)**エ**　(3)**ウ**

5 (1)**国債費**　(2)**社会保険**

(3)**ウ**

6 (1)**ウ**　(2)**d**　(3)**イ**

(4)**ア**　(5)**エ**

(6)**（例）低金利で資金を借りることができるので，新しい事業を始めやすい。**

解説

1 (1)地図は，東京からの距離と方位が正しい地図なので，日本から真東に進むと，最初に南アメリカ大陸，次いでアフリカ大陸，最後にユーラシア大陸を通過して一周する。

(2)時差は経度15度ごとに1時間生じる。本初子午線が通るロンドンと，東経135度の経線を標準時の基準としている日本の時差は，135÷15＝9（時間）で，東にある日本の方が9時間早い。日本が1月5日午後3時のとき，ロンドンは1月5日午前6時であるから，それから13時間後の時刻は1月5日午後7時となる。

(3)Xの国はオーストラリア。オーストラリアはイギリスの植民地であったことからAは誤り。オーストラリアの先住民はアボリジニで，マオリはニュージーランドの先住民なのでCは誤り。乾燥帯に属する地域が多いオーストラリアは，「乾燥大陸」ともよばれている。

2 (1)日本一長い川は**ウ**の信濃川で，長野県から新潟県を通り，日本海に注ぐ。長野県内では千曲川とよばれる。

(2)**B**の石川県の県庁所在地は金沢市である。**A**は青森県で青森市が，**C**は奈良県で奈良市が，**D**は広島県で広島市が県庁所在地。

(3)促成栽培は宮崎平野や高知平野でさかんに行われている。促成栽培とは反対に，作物の出荷時期を遅らせて出荷する栽培方法を抑制栽培という。

3 (1)鉄砲は，1543年に種子島に漂着したポルトガル人によって初めて日本にもたらされたものである。**ア**の埴輪は古墳の周りに置かれた土製の人形。**イ**の銅鏡や**エ**の鉄剣は縄文時代末期に大陸から日本に伝わったもので，銅鏡は祭りの道具，鉄剣は武器として用いられた。

(2)東大寺は，聖武天皇が建てた寺院で，金堂に大仏が収められた。**ア**の平等院鳳凰堂は平安時代に藤原頼通が建てた。**イ**の金閣は室町時代に足利義満が建てた。**ウ**の法隆寺は，飛鳥時代に聖徳太子が建てた。

(3)武家諸法度は1615年，2代将軍徳川秀忠のときに初めて制定され，将軍の代がわりごとに制定された。3代将軍徳川家光のときには，参勤交代が制度化された。

(4)1914年に始まった第一次世界大戦によって，日本は綿織物や生糸などの輸出を増加させ，好景気〔好況〕となった。なお，朝鮮戦争は1950〜53年に朝鮮半島で起こった戦争で，このときの日本はアメリカ軍に軍需物資を供給し，特需景気とよばれる好景気になった。

(5)**ア**は1937年，**イ**は1940年，**ウ**は1931年，**エ**は1918年のできごとである。世界恐慌によって日本経済が混乱した後の，満州事変（1931年）→五・一五事件（1932年）→二・二六事件（1936年）→日中戦争（1937年）→日独伊三国同盟（1940年）→太平洋戦争（1941年）という流れをおさえておこう。

(6)農地改革は，農村に根強く残る封建的な地主・小作の関係を改め，農村を民主化するために，1946年から行われた。この政策

により，農地全体に占める自作地の割合が増加した。

4 (1)明治時代に制定された大日本帝国憲法では，主権は天皇にあるとされた。

(2)人権が保障されているからといって，何をしてもよいというわけではない。他人の人権を侵害してはならないという制約がある。これを「公共の福祉」による制限といい，デモの規制などにみられるように，集会・結社・表現の自由は特に制限を受けやすい。

(3)インフォームド・コンセントとは，医師の説明にもとづき，患者が納得した上で治療や投薬を受けるという考え方で，自己決定権を尊重するためのものである。アの環境権は住みやすい環境を求める権利，イの知る権利は国民が国や地方公共団体が持つ重要な情報を手に入れることができる権利，エのプライバシーの権利は私生活を他人に公開されない権利。

5 (1)国の財政支出が収入を上回るとき，その不足分を補うために，国が借り入れるお金を国債という。国債費とは，国が国債の利子の支払いや元金の返済を行うための費用である。

(2)社会保障関係費のうち，全体の約4分の3を社会保険の費用が占めている。社会保険には，医療保険・年金保険・雇用保険・労働者災害補償保険・介護保険の5つがある。介護保険とは，40歳以上の国民が保険料を支払い，介護の必要がある人が介護サービスを受けられるしくみである。

(3)地方公共団体では，首長と地方議会議員が住民の直接選挙によって選ばれる（二元代表制）。一方で住民には，署名によって首長や議員の解職を求める直接請求権が認められている。地方自治は，国民が直接政治にかかわる機会が多く，民主主義のしくみを学べることから，「民主主義の学校」とよばれている。

6 (1)緯線と経線が直角に交わる地図では，高緯度ほど実際より長さや面積が拡大されて示されるため，実際の距離は赤道上にあるウが最も長い。

(2)日本の気候は，北海道の冷帯〔亜寒帯〕を除

くと，温帯に属している。aは赤道直下の熱帯，bはモンゴルの乾燥帯，cのカナダは冷帯，dはアルゼンチンのブエノスアイレス付近で温帯である。

(3)Xの南アメリカ大陸は，13世紀から16世紀にかけてインカ帝国が繁栄し，ペルーの山間部にはマチュピチュ遺跡が残されている。アはアメリカ，ウはフランスでのできごと，エはイギリスと中国の戦争。

(4)Yはアメリカ合衆国のニューヨーク。国際連合の主要機関の1つである安全保障理事会は，アメリカ・イギリス・フランス・ロシア・中国の5か国の常任理事国と10か国の非常任理事国で構成されている。常任理事国には拒否権が与えられ，重要な議案について，1か国でも反対すれば決定できないことになっている。

(5)1956年，日本の国際連合加盟に反対していたソ連との間で日ソ共同宣言が調印され，国交が回復したことから，同年，日本の国際連合加盟が認められ，国際社会に復帰した。アは1978年，イは1965年，ウは1951年のできごと。

(6)資料のようなしくみを，マイクロクレジット（少額融資）という。事業を始めるには資金が必要であるが，職がない者や元手が少ない貧困層は，銀行から融資を受けることが難しい。マイクロクレジットにおいては，少額の融資を無担保・低金利で貸し出すことができるため，発展途上国の自立支援にもつながっている。

実力完成テスト②　→本冊P.92〜95

1 (1)**ウ**　(2)**イ**

(3)

(4)（例）観光客が北海道の豊かな自然環境について学習しながら，保全する取り組み。

(5)記号：**ア**，イタリア

2 (1)**エ→イ→ア→ウ**

(2)（例）幼少の天皇を補佐する役職。

(3)北条泰時　(4)**イ**

(5)**エ**　(6)五箇条の御誓文

(7)**ウ**

3 (1)小選挙区比例代表並立制

(2)**ウ**　(3)**イ**

(4)特別会（特別国会）

4 (1)家計　(2)公企業

(3)**イ**

5 (1)記号：**オ**　名称：キリスト教

(2)OPEC

(3)（例）オランダは，キリスト教を布教しなかったから。

(4)**エ→イ→ア→ウ**

(5)（例）耕作や放牧のしすぎで，砂漠化が進んでいるから。

解説

1 (1)内陸部に分布していることから，<u>水力発電所</u>である。**ア**の火力発電所は人口の多い沿岸部，**イ**の原子力発電所は人口の少ない沿岸部，**エ**の地熱発電所は九州や東北地方に多い。

(2)**ア**は，製造品出荷額等が特に多いことから**C**の愛知県。**イ**は，海面漁業漁獲量が最も多いことから，漁港が多い**A**の宮城県。**ウ**は，人口が最も少ないことから，**D**の鳥取県。**エ**は，海面漁業漁獲量の数値が示されていないことから，内陸県である**B**の群馬県。

(3)昼の人口が夜の人口を下回るということは，府県外への通勤・通学者が多いということを表している。

(4)北海道では豊かな自然環境を観光資源としていかしながら，保全の取り組みも進めている。

(5)北緯40度の緯線は，日本では秋田県や岩手県を通過する。ヨーロッパでは地中海付近を通るため，**ア**のイタリアがあてはまる。**イ**のイギリスは北緯50度ぐらいより北のかなり高緯度に位置する国である。**ウ**のオーストラリアは南半球，**エ**のブラジルは国土の大部分が南半球にある。

2 (1)**ア**の管領が置かれたのは室町時代，**イ**の六波羅探題が置かれたのは鎌倉時代，**ウ**の老中が置かれたのは江戸時代，**エ**の太政官が置かれ始めたのは飛鳥時代後半である。

(2)藤原氏は，天皇が幼少のときには<u>摂政</u>，成人してからは<u>関白</u>という役職について政治を行ったため，藤原氏の政治を<u>摂関政治</u>とよぶ。藤原氏は，娘を天皇のきさきとし，その子を次の天皇として，政治の実権を握った。

(3)<u>北条泰時</u>は，鎌倉幕府の3代執権に就任した人物。北条氏は，鎌倉幕府を開いた源頼朝の妻北条政子の一族で，初代執権には政子の父時政が，2代執権には時政の子義時が就任した。泰時は義時の子で，以後，執権の職は，代々北条氏が独占した。

(4)このような一揆を一向一揆といい，一向宗を信仰する者たちが起こした。一向宗とは，鎌倉時代に親鸞が開いた浄土真宗の別名。

(5)<u>松前藩</u>は，蝦夷地（北海道）の南西部に置かれており，江戸時代にはアイヌの人々と交易を行っていた。**ア**の朝鮮との交易の窓口となっていたのは対馬藩，**イ**の琉球王国との交易の窓口となっていたのは薩摩藩，**ウ**のオランダとは長崎の出島で貿易を行っていた。

(6)<u>五箇条の御誓文</u>は，天皇が神に誓う形で発表された。この方針では，会議を開いて，人々の話し合いによって政治を決めることや，世界の知識を積極的に知ることなどが示された。

(7)日清戦争が始まったのは1894年，日露戦争が始まったのは1904年である。**ア**は1902年，**イ**は1900年，**ウ**は1911年，**エ**は日清戦争終結後の1895年のできごと。

3 (1)衆議院議員総選挙では小選挙区比例代表並立制が採用されており，小選挙区制によって289名，比例代表制によって176名を選出する。比例代表制では，政党名や候補者名を書いて投票し，各政党の得票に応じて議席を配分するドント式が採用されている。

> ### POINT
> 選挙制度の特徴をまとめておこう。
> ・小選挙区制…1つの選挙区から1人の代表者を選ぶ。大きな政党に有利だが，死票が多くなる。
> ・大選挙区制…1つの選挙区から2～3人の代表者を選ぶ。死票が少なくなるが，小さな政党が乱立し，政治が不安定になりやすい。
> ・比例代表制…政党の得票数に応じて議席を配分する。さまざまな世論が反映されるが，小さな政党が乱立し，政治が不安定になりやすい。

(2)**X**…優越が認められているのは参議院ではなく衆議院なので誤り。衆議院議員の任期は4年で参議院議員よりも短く，解散もあるので，より国民の意見を反映できると考えられている。**Y**…参議院の議員定数は248人，衆議院の議員定数は465人なので，参議院の方が少ない。

(3)**イ**の条約の締結は内閣の仕事であるが，締結の事前もしくは事後に国会の承認を得なければならないことになっている。**ア**，**ウ**，**エ**は，内閣独自の権限で行うことができる。

(4)衆議院解散にともなう総選挙の日から30日以内に特別会〔特別国会〕が召集されて，新たな内閣総理大臣を指名することになる。

4 (1)家族や個人などが消費生活を営む単位を家計という。経済は，家計と企業，政府の関わりによってお金やモノ，サービスが循環することで成り立つ。

(2)公企業には，水道やバスなどの運営を行う地方公営企業や，造幣局，国立印刷局などの独立行政法人があてはまる。

(3)製造物責任法はPL法ともよばれる。

5 (1)**A**のイギリスと，その植民地であった**D**のニュージーランドである。どちらも英語を公用語とし，キリスト教を信仰する人が多い国である。

(2)西アジアの多くの国が加盟している石油輸出国機構〔OPEC〕は，世界の石油価格の調整などを行っている。

(3)キリスト教が日本に伝わってから，ポルトガル人やスペイン人が，交易とともにキリスト教の布教を行った。キリスト教徒の増加をおそれた江戸幕府は，スペイン船やポルトガル船の来航を禁止し，ヨーロッパではオランダのみと貿易を行った。オランダはプロテスタントが多い国で，布教活動には消極的であった。

(4)**ア**は1941年，**イ**は1905年，**ウ**は1951年，**エ**は1853年のできごと。

(5)**Z**は，サハラ砂漠の南縁に広がるサヘルとよばれる地域で，砂漠化の進行が深刻化している。農耕や放牧のしすぎで土地がやせ，作物が育たない状態になっている。